平清盛と平家政権

改革者の夢と挫折

伊東　潤

朝日文庫

本書は二〇一一年十月、洋泉社歴史新書yより刊行された『武士の王・平清盛　改革者の夢と挫折』を改題、加筆修正したものです。なお、第六章は本書のための書き下ろしです。

はじめに

本書は、二〇一一年十月二十一日に洋泉社歴史新書yから出した『武士の王・平清盛　改革者の夢と挫折』（以下『武士の王・平清盛』）に加筆修正したものになる。

執筆から十二年余が経ち、『武士の王・平清盛』は絶版となってしまった。というのも二〇二〇年二月一日付けで、洋泉社が宝島社に吸収されたことに伴い、すべての出版物を絶版としたからだ。この時、洋泉社新書の緑のカバーに包まれた同志たちが、様々な出版社にもらわれていき、文庫として復刊されていったのは幸いだった。『武士の王・平清盛』も、株式会社朝日新聞出版のご厚意により文庫として復刊することになった。

それが本書『平清盛と平家政権　改革者の夢と挫折』になる。もちろんタイトルを変えたことから分かるように、『武士の王・平清盛』に加筆修正を加えたのは言うまでもない。

二〇二二年の大河ドラマが『鎌倉殿の13人』ということもあり、二〇二一年の後半あたりから、数多くの鎌倉時代に関する研究本や歴史読み物が出版された。そのおかげで研究も深化したようで、これまでの鎌倉時代のイメージが一新された感がある。

そうした研究成果を本書では反映していった。というのも私は、小説として平家滅亡から頼朝の死までを描いた小説『修羅の都』さらにその続編の『夜叉《やしや》の都』(ともに文藝春秋)を刊行しており、源氏三代将軍の鎌倉時代初期に精通する機会が持てたからだ。

実は『武士の王・平清盛』は、清盛の小説を書こうと思い、準備を始めているところに大河ドラマ『平清盛』の制作が発表され、便乗と思われるのが嫌で、小説の企画を取り下げたという経緯がある。そんな時に、『関東戦国史と御館の乱』(洋泉社歴史新書y)で担当いただいた編集さんと打ち合わせの機会があり、そのことを話したところ、「では、うちから歴史読み物として出しませんか」という提案を受けて書き下ろしたものだ。

今だったら便乗も何もないので小説にしていたところだが、当時はそんな意地やこだわりがあったのだ。そもそも歴史ドラマや歴史小説で取り上げる題材は、さほど多くない。つまり大河ドラマとバッティングして当たり前なのだ。

現に『鎌倉殿の13人』の制作発表は、『修羅の都』の刊行後、私はその続編を書くことで出版社とも合意していた。そこに『鎌倉殿の13人』の制作のニュースが入ったのだが、私は自分の計画通りに、『修羅の都』の続編で承久の乱までを描いた『夜叉の都』を刊行した。

というわけで青臭い意地のおかげで誕生したのが、『武士の王・平清盛』だった。その上に積もった埃を振り払い、加筆修正したのが本書となる。

なお、本書を書くにあたっては、『長秋記《ちょうしゅうき》』『中右記《ちゅうゆうき》』『兵範記《ひょうはんき》』『百練抄《ひゃくれんしょう》』『玉葉《ぎょくよう》』『山槐記《さんかいき》』『愚管抄《ぐかんしょう》』『方丈記《ほうじょうき》』など、同時代に書かれた日記や史論を第一とし、『今《いま》鏡《かがみ》』『古事談』『保元物語』『平治物語《へいじものがたり》』『平家物語』『吾妻鏡《あづまかがみ》』などの軍記物や説話集を、それに準ずるものとして扱った。

つまり日記は史実という前提で扱い、それだけでは不明な部分を、軍記物や説話集で補《ほ》完《かん》するという執筆方針を取らせていただいた。それゆえ人口に膾炙《かいしゃ》している『平家物語』などと食い違うところも出てくる。ただし研究本ではないので、出典をいちいち記さないため、その点はご了解いただきたい。

平清盛と平家政権●目次

図版作成・報図企

平清盛と平家政権　改革者の夢と挫折

第一章　平家の台頭

（1）清盛以前――平安最強氏族の系譜

これまでの常識

私たちの世代にとっての清盛とは、断然、仲代達矢《なかだいたつや》だろう。そんなことを言っていると、若い読者から嫌われるが、大河ドラマ『新・平家物語』が、どれほど素晴らしかったかは、私が語るまでもないだろう。

ラストシーンで女房たちが壇ノ浦に入水《じゆすい》するシーンは、斬新《ざんしん》なカメラワークもあり、喩《たと》えようもなく美しく、五十年後の今も脳裏に鮮明に焼き付いている。

以後、私は吉川英治《よしかわえいじ》先生の世界に魅せられ、『新・平家物語』はもちろん、『宮本武蔵』『三国志』『新・水滸伝』を立て続けに読んだ。中学三年の時に司馬遼太郎先生の『竜馬がゆく』と出会うまでは、読書といえば、吉川先生一辺倒だった気がする。

とくに『新・平家物語』は、その哀切《あいせつ》な雰囲気が吉川先生の流麗《りゆうれい》な文体と調和し、最高傑作と呼ぶに値するものだった。

何よりも当時は、源平時代の方が、戦国時代よりも人気が高かった上、何と言っても「驕《おご》る平家、久しからず」という展開が、極めて分かりやすい勧善懲悪《かんぜんちょうあく》ドラマになっていた。

そうした中で子供心に不思議だったのは、「どうやら人間は、公家と武士に分かれていたらしい」ということだ。ドラマには故藤田まこと演じる朱鼻《あけはな》の伴卜《ばんぼく》という商人や庶民階級の人々も出てくるが、主要人物は公家か武士のどちらかに属する者ばかりだった。

戦後民主主義の真っただ中で少年時代を迎えた私にも、この時代には厳格な身分制度があるというのは何となく分かったが、戦わないで陰謀ばかりめぐらしている公家たちと、颯爽《さっそう》と戦う平家や源氏の武士たちでは、格好よさに格段の差があった。

しかも公家は武士よりも偉く、政治を牛耳っていることも知った。そして、そこに入り込み、公家化への道を進んだ平家と、武士というアイデンティティを肯定して政権を打ち立てた源氏が、たいへん分かりやすいコントラストとなっていた。

すなわち、清盛をめぐる人間関係を単純に構図にすると、皇族と公家が上位に君臨し、同格のライバルに源氏がいるという形になる。

こうした常識は事実なのだろうか。

これらのことを検証していく前に、清盛誕生以前から探索を始めたいと思う。

武士とは何か

武士の起源《きげん》に関しては、主に二つないしは三つの説がある。

一つは、従来からある「在地領主論」と呼ばれているもので、地方の農村から自然発生的に生まれたというもの。

武士が現れ始めた十一世紀初頭、各地の農村は公領か荘園《しょうえん》だった。つまり有力貴族や権門寺院《けんもんじいん》などと在地の開発領主との取り分をめぐる紛争が、武士階級を生んだというのだ。

その中には、所領紛争や水争いなどといった開発領主どうしの階級内闘争も多くあったはずで、必ずしも上位支配者に対する反抗という形を取ったわけではなかっただろう。だが基本的には戦後の唯物史観《ゆいぶっしかん》の影響もあり、下が上を克服する過程で、武士が生まれたとされてきた。

分かりやすく言えば、近代社会と異なり、公権力の及ばない地方農村が、自らの土地や農民（農奴）を守るためには「自力救済」（自衛）しかなく、そのため武装せざるを得なかった開発領主が、武士になったというわけだ。そしてその武力は、人間が本《ほん》然《ぜん》的に持つ欲望という性《さが》から、自衛だけでなく外部への膨張《ぼうちょう》という形を取り、それが特定武士勢力の拡大、つまり地方豪族を誕生させていく。これが「在地領主論」になる。

これに対し、「職能論」がある。

奈良時代から平安時代にかけて、朝廷や公家社会では政変や謀叛《むほん》に備えるため、蝦夷《えみし》など辺境の夷狄《いてき》を服属させるため、盗賊などから都《みやこ》の治安を守るため等の理由で、武力が必要とされた。これを担ったのが律令にも定められた武官だ。

つまり九世紀当時、武士とは律令《りつりょう》に定められた武官の意で、宮城《きゅうじょう》警備に就く人々を指していた。その代表的氏族が坂上《さかのうえ》、小野、紀《き》氏などだ。彼らは武官系武士と呼ばれた。

律令制では、国家が武力を管理する建て前になっており、総司令官となる上級貴族は、武官も文官もなく持ち回りでこの任に当たった。これは国家が武力を統制し、武力の特定個人への集中を防ぐことにつながった。しかし現場指揮官としての知識や、騎馬・弓術等の専門技能の伝承は必要なため、諸大夫《しょだいぶ》（位階《いかい》が四、五位の貴族）等の中下級貴族は次第に専業化していった。これが平氏と源氏の源流「兵《つわもの》の家」となる。

ちなみに貴族という用語は、武家だろうが公家だろうが、従五位以上の位階を持つ者の総称のため、本書ではあまり使っていない。ここでは、公家と武家が未分化の時代についてなので、あえて貴族という用語を使っている。

彼ら「武」を生業《なりわい》とする中下級貴族は、「武」という芸によって差別化が図られた社会的存在となっていった。具体的には、合戦や夜討ちといった集団戦の知識のほかに、歩射《かちゆみ》、騎射《うまゆみ》、馳射《はせゆみ》、笠懸《かさがけ》、流鏑馬《やぶさめ》、犬追物《いぬおうもの》といった弓矢の技術が、武士の芸と定義される。

その真骨頂《しんこっちょう》は、「弓馬《きゅうば》の芸」と呼ばれる乗馬と弓矢の芸が一体化された「馳射《はせゆみ》」「馳《はせ》組《く》み」にあったとされる（騎射は静止した馬上から矢を射る芸）。

その好例が『今昔物語集』巻二十五に収められた源 充《みなもとのみつる》と平 良文《たいらのよしふみ》の逸話だ。源充とは嵯峨《さが》源氏の一人、平良文は髙望王《たかもちおう》の四男のことだ。

ある日、些細《ささい》な行き違いから決闘することになった二人は、それぞれ五百ほどの兵を引き連れ、一町ばかりを隔《へだ》てて対峙《たいじ》した。「諜《ちょう》」（開戦状）を取り交わしたものの、「馳せ合って戦い、どちらが武芸に長じているかはっきりさせようではないか」ということになり、「馳射」を競い合ったという。

二人は馬で馳せ違いざまに矢を射たが、互いによけるのもうまく、何度やっても当たらない。結局、互いの武芸をたたえ合って別れたという。

この逸話は、「馳射」の芸が集団による合戦（喧嘩）以上の価値を持つものとされ、その結果により、武芸者としての優劣が決まることを意味している。まず武士とは、馬術と弓術の腕により優劣が付けられ、その後、歩射や集団戦の駆け引きの知識が重視されたのだ。

こうした「武」を生業とする「家」として、十一世紀初頭、伊勢《いせ》平氏・河内《かわち》源氏・秀郷《ひでさと》流藤原氏といった平将門《たいらのまさかど》の乱鎮圧に功のあった者たちの子孫たちが、「兵の家」として表舞台に登場してくる。

これが「職能論」のあらましになる。

ちなみに当時、武士以外にどのような職能があったのかというと、僧侶、絵師、仏師、商人、細工(職人)、管弦《かんげん》、和歌、文士、能書《のうしょ》、大工、薬師《くすし》、陰陽師《おんみょうじ》、学生《がくしょう》(学者)に博奕《ばくち》打ちまでである。武士は、これらの職能と同列に論じられる存在だったのだ。

要は、農業生産性の向上から、地方で勃興《ぼっこう》した開発領主階級が武力を持ち始めるのと同時並行的に、中央でも「兵の家」が力を蓄え、それが武士となっていったのだろう。その二つの力によって武士が生まれたという「国衙《こくが》軍制論」という説もある。

平氏と源氏

「兵の家」勃興の契機となったのが承平《じょうへい》・天慶《てんぎょう》の乱だ。

承平五年（九三五）、平将門が伯父の国香《くにか》を討ち取ったことで始まるこの乱は、当初は土地や権益をめぐる私戦の域を出ず、どちらかというと朝廷も喧嘩両成敗的な裁定を下していた。ところが些細な行き違いから、常陸《ひたち》国府と合戦に及んだ将門は謀叛人とされ、追討《ついとう》を受けることになる。

同じ頃、瀬戸内海の海賊を率いた藤原純友《すみとも》も蜂起《ほうき》したので、この二つの乱を合わせて承平・天慶の乱と呼ばれる。

結局、平将門の乱は平貞盛《さだもり》と藤原秀郷、藤原純友の乱は源経基《つねもと》により鎮定《ちんてい》され（正確には、やや事実と異なるが）、事なきを得たが、地方の叛乱は朝廷や公家社会の心胆《しんたん》を寒からしめ、「武」の重要性を再認識させる契機となった。

これにより追討に功のあった伊勢平氏・河内源氏・秀郷流藤原氏が台頭していく。

まずは平氏略系図をご覧いただこう。

平氏は桓武《かんむ》帝を祖とし、その曾孫《ひまご》にあたる高望王が臣籍《しんせき》に降下し、平姓を賜ったことに始まる。これを賜姓《しせい》といい、皇族を増やさないための措置として、八世紀末頃から頻繁に行われるようになっていた。

平氏と言えば桓武平氏となるのが相場だが、平姓は第五十代の桓武帝系以外にも、仁明《にんみょう》（五十四代）・文徳《もんとく》（五十五代）・光孝《こうこう》（五十八代）帝の系統があり、それぞれ仁明平氏、文徳平氏、光孝平氏と呼ばれる。だが桓武以外の平姓は全く振るわなかった。

また清盛の一族は平氏とも平家とも呼ばれているが、平氏とは平姓の氏《うじ》全体を指し、平家とは伊勢平氏の中でも、正盛―忠盛―清盛の一族だけを指すという通念に従い、本書中では使い分けさせていただく。

平姓の意味は、高望王が東国を平らげたから創姓《そうせい》されたというもの、桓武帝が造った平安京にちなんだもの、という説があるが、そうなると、ほかの天皇系平氏の説明がつかない。最近では、中国古典にある「朝敵を平らげてほしい」という意味から取られたとするのが定説となりつつある。

また桓武系平氏だけでも六流あると言われ、伊勢平氏は葛原《かずらわら》親王―高見《たかみ》王系に属する。ちなみに当初、栄えた葛原親王―高棟《たかむね》王系は、公卿平氏または堂上平氏《とうしょうへいし》などとも呼ばれ、後に清盛の室となる時子《ときこ》、後白河院の寵愛《ちょうあい》を受ける建春門院滋子《けんしゅんもんいんしげこ》や、「平《へい》関白」と呼ばれた時忠らを輩出する。

九世紀なかば、父の高見王が早世し、中央での昇進が望めなくなった平高望（高望王）は臣籍に下り、上総介《かずさのすけ》を賜って坂東《ばんどう》に向かった。そして坂東平氏として勢力を拡大していく。その末裔《まつえい》が、千葉・上総・三浦・中村・秩父・大庭・梶原といった、後の鎌倉幕府を支える平姓諸家だ。

東下した高望王は、その貴種性を重んじられ、坂東の王に祭り上げられる。国香、良持《よしもち》、良兼《よしかね》、良文という四人の息子の代には、坂東の王家と呼ぶにふさわしいほど勢力圏を伸張させた。そうなると決まって始まるのが内訌《ないこう》だ。

前述の平将門の乱は、平高望の遺領をめぐる私戦が端緒《たんしょ》となった。そして、この内訌を勝ち抜いた国香の息子・貞盛は、従五位下に叙任《じょにん》され、後に陸奥《むつ》守、丹波《たんば》守、鎮守府《ちんじゅふ》将軍を歴任し、従四位《じゅしい》下まで上り詰めることになる。

この貞盛が面白いのは、内訌の最中、父の国香が将門に殺されたと聞き、「父の仇《かたき》」とばかりに京から坂東に馳せつけたはいいが、調査したところ「親父が悪い」となり、将門との融和《ゆうわ》を図ろうとしたことだ。後代の清盛ら平家一門にも共通する、こうした「人の好さ」も平氏の遺伝的特徴の一つなのかもしれない。

こうした経緯があったものの、常陸国府と交戦した将門が朝敵となったため、貞盛は将門を討ち、前述のように、それを契機に立身していくことになる。

その子らは、いったん位階六位以下の「侍品《さぶらいぼん》」まで落ちたものの、貞盛の次男・維《これ》衡《ひら》の系統が、後に伊勢平氏嫡流《ちゃくりゅう》（いわゆる平家）として興隆《こうりゅう》するのは略系図にある通りだ。

一方、源氏はその略系図にある通り、祖は清和《せいわ》帝になる。その清和源氏の初代とさ

平氏略系図

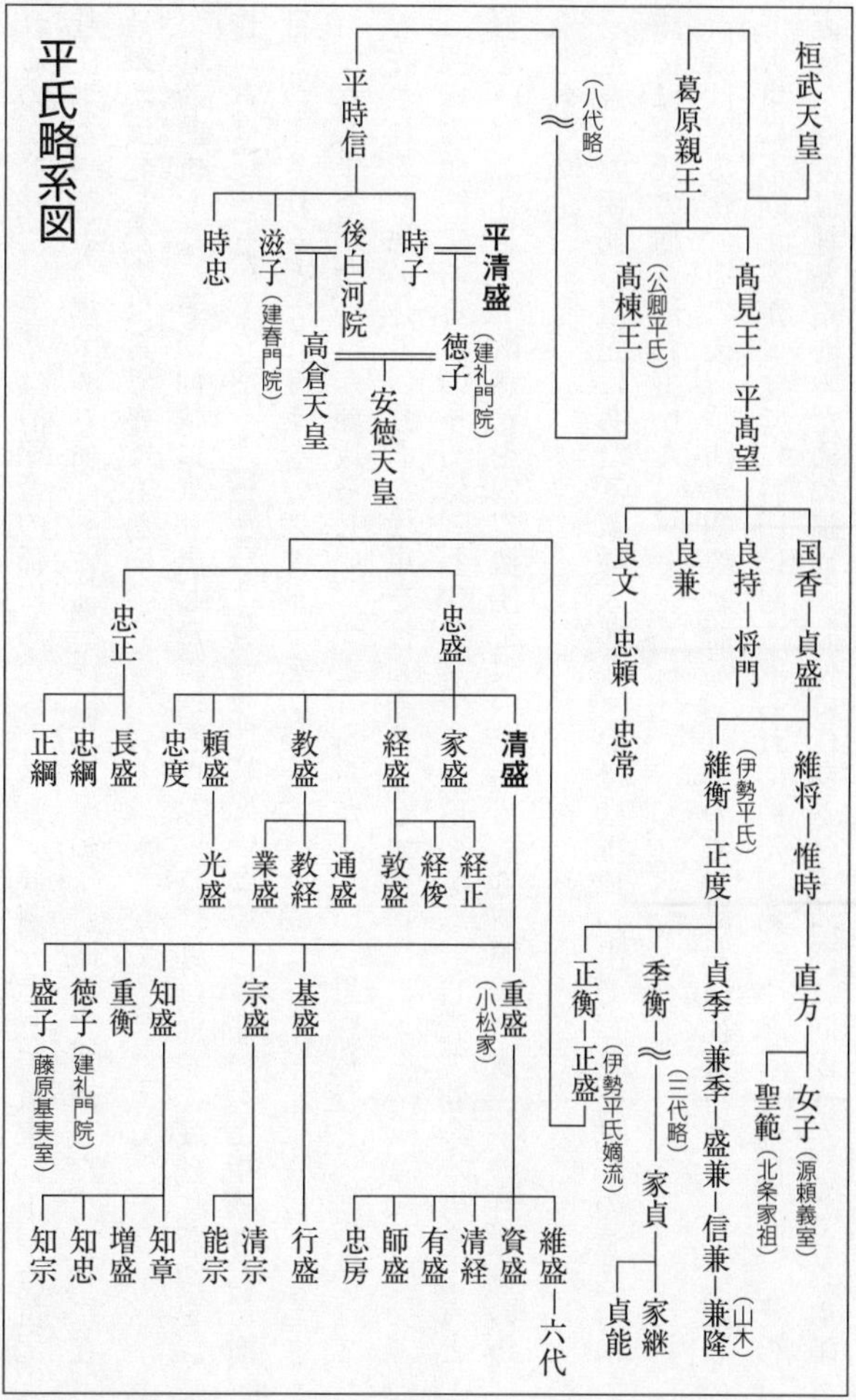

桓武天皇
葛原親王
高見王
平高望
(公卿平氏)
高棟王
(八代略)
平時信
時子
平清盛
滋子
(建春門院)
後白河院
時忠
高倉天皇
徳子
(建礼門院)
安徳天皇
国香
貞盛
維将
惟時
直方
女子
(源頼義室)
聖範
(北条家祖)
良持
将門
良兼
良文
忠頼
忠常
(伊勢平氏)
維衡
正度
貞季
兼季
盛兼
信兼
兼隆
(山木)
季衡
(三代略)
家貞
家継
貞能
正衡
正盛
(伊勢平氏嫡流)
忠盛
忠正
清盛
家盛
経盛
教盛
頼盛
忠度
長盛
忠綱
正綱
経正
経俊
敦盛
通盛
教経
業盛
光盛
重盛
(小松家)
基盛
宗盛
知盛
重衡
徳子
(建礼門院)
盛子
(藤原基実室)
維盛
六代
資盛
清経
有盛
師盛
忠房
行盛
清宗
能宗
知章
増盛
知忠
知宗

れるのが経基だ。経基は清和帝の孫にあたるとされ、武蔵介として坂東に下った折、赴任するや否や、高圧的な態度で在地衆に検注《けんちゅう》（貢物《みつぎもの》・賄賂《わいろ》）を要求した。これに在地衆が反発したのは言うまでもない。

紆余曲折《うよきょくせつ》あり、その仲裁に乗り出した将門を恨み、京に逃げ帰って朝廷に将門を誣《ぶ》告《こく》（告げ口）したものの、逆に朝廷から「将門に悪いところはない」と指摘され、面目をつぶされるという冴えないスタートを切った。

これもまた、たいへん源氏らしい。つまり自らが正しいと思い込むと、何をやっても許されると思い込み、強引な横車を押し通そうとする。

源氏の血筋にある者の多くは、わがままで身贔屓《みびいき》が強く、自責で物事を考えようとしない。こうした平衡《へいこう》感覚や内省《ないせい》機能を欠いているのも、源氏の遺伝子の特徴なのかもしれない。

尤も、源頼朝の祖先にあたる八幡太郎義家《はちまんたろうよしいえ》の母は平氏の出で、義家以降の源氏の系譜には平氏の血も流れていた。

話は戻るが、その後、将門が朝敵と断じられたので、経基は征東将軍として勇躍して坂東に下向《げこう》するが、すでに将門は討ち取られていたため、手ぶらで帰国した。その直後、今度は純友追討のために追捕凶賊使《ついぶきょうぞくし》に任命され、西国に向かうが、こちらも鎮

源氏略系図

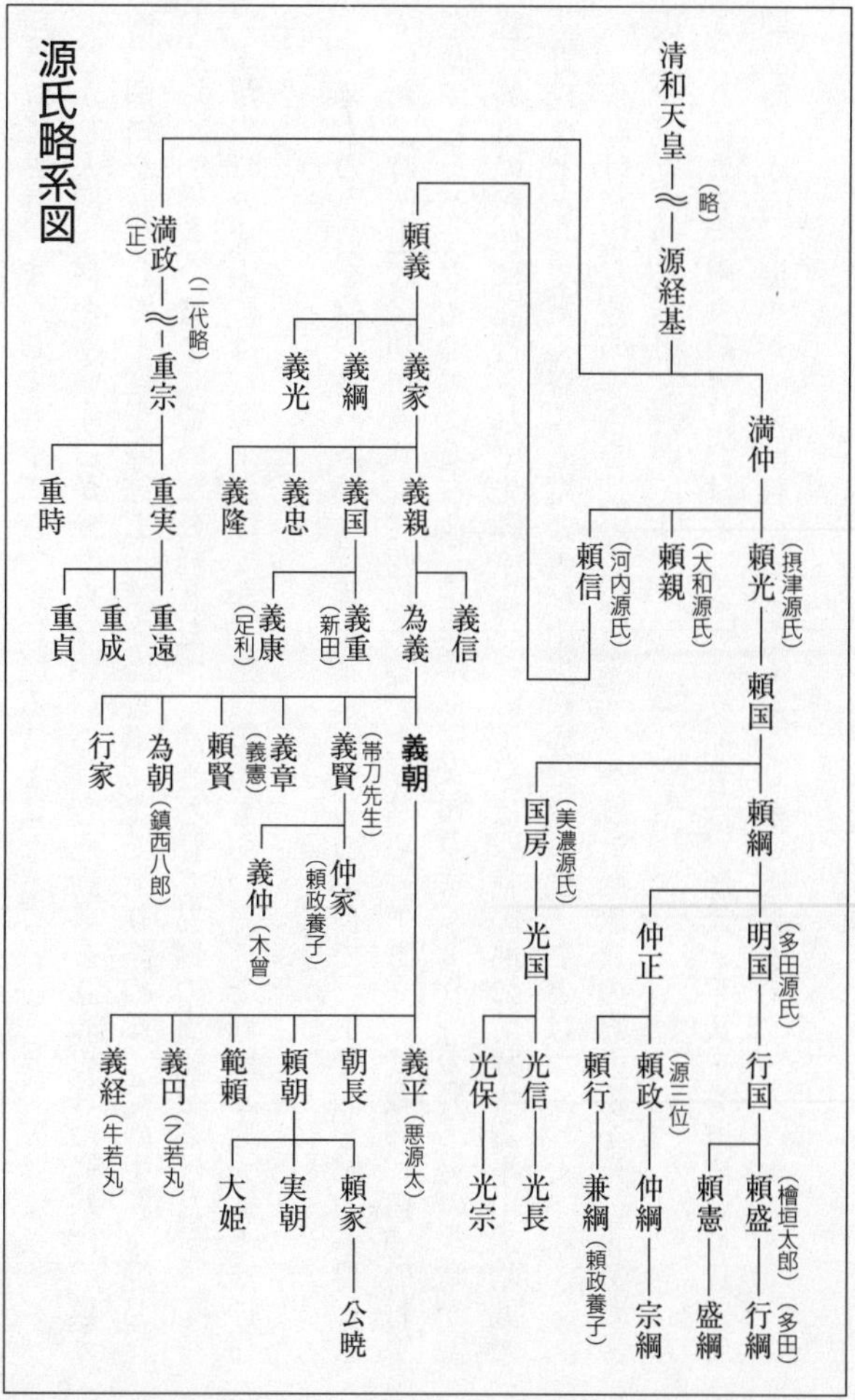
清和天皇
（略）
源経基
満仲
頼光
（摂津源氏）
頼国
頼綱
明国
（多田源氏）
行国
頼盛
（檜垣太郎）
行綱
（多田）
頼憲
盛綱
仲正
頼政
（源三位）
仲綱
宗綱
頼行
兼綱
（頼政養子）
国房
（美濃源氏）
光国
光信
光長
光保
光宗
頼親
（大和源氏）
頼信
（河内源氏）
頼義
義家
義綱
義光
義親
義国
義忠
義隆
義信
為義
義重
（新田）
義康
（足利）
義朝
義賢
（帯刀先生）
仲家
（頼政養子）
義章
（義憲）
義仲
（木曾）
頼賢
為朝
（鎮西八郎）
行家
義平
（悪源太）
朝長
頼朝
範頼
義円
（乙若丸）
義経
（牛若丸）
頼家
公暁
実朝
大姫
満政
（正）
（二代略）
重宗
重実
重時
重遠
重成
重貞

圧されており、またしても手ぶらで京に戻ることになる。

しかし人間、何が幸いするか分からない。こうした動きを認められた経基は、数カ国の国司《こくし》を歴任した上、正四位上《しょうしい》・鎮守府将軍にまで上り詰める。その生涯を通じ、おそらく一度も合戦をしていない経基だが、武士として異例の出頭を遂げた。

また当時の武士には、源平だけでなく第三勢力もあった。それが藤原秀郷《ひでさと》とその一族だ。

俵藤太《たわらのとうた》の異名を持つ藤原秀郷は、藤原北家・魚名《うおな》の子孫で、下野《しもつけ》国を勢力基盤としていた。将門追討に功があり、従四位下まで上り詰め、下野守、武蔵守、鎮守府将軍を歴任したが、安和二年（九六九）に起こった安和《あんな》の変により、秀郷三男の千晴《ちはる》が源経基嫡男の満仲《みつなか》に誣告されて失脚する。その子孫は、戦国期に活躍する小山《おやま》・結城《ゆうき》・佐野氏などとして続くが、二度と再び中央政界に返り咲くことはなかった。

二代続けて得意技の誣告を使い、坂東平氏と秀郷流藤原氏の息の根をほぼ止めた源氏は、坂東に独走態勢を築いてゆく。

これにより、中央政界における「武」の支配者は、源氏・平氏・秀郷流藤原氏三者鼎立《ていりつ》時代から、源平対立の時代へと大きく舵を切ることになる。

平家と源氏、生々流転《しょうじょうるてん》

平貞盛の跡を継いだのは嫡男の維将《これまさ》だ。維将は藤原道長を中心にして全盛期を迎えた摂関《せっかん》政治の中枢《ちゅうすう》に入り込み、勢力基盤を築こうとする。

ちなみに摂関政治とは、政治の実権が、天皇の母方の親族にあたる「外戚《がいせき》の家」に握られる政治形態を言う。天皇は「外戚の家」の首長の意向で即位し、皇位継承者も、その皇子を生む后《きさき》も、「外戚の家」の首長の意向が強く反映される。

しかも「外戚の家」は、藤原道長に代表される御堂《みどう》流（藤原北家九条流）に独占され、他家の入り込む余地はなかった。

一方、源満仲の嫡男・頼光《よりみつ》は、諸国の国司として築いた資産をばらまき、道長の異母兄・道綱に娘を嫁がせることに成功し、平氏に対して頭一つ抜きん出ることに成功した。

こうした源平の水面下での駆け引きが続く中、房総三カ国を舞台に平忠常《ただつね》の乱が起こる。この乱の詳述は避けるが、追討使《ついとう》（追捕使《ついぶ》）に任命された維将の孫・直方《なおかた》が成果を上げられず、これに代わった頼光の三弟・頼信《よりのぶ》の前に忠常が降伏してきたことで、またしても源氏は、戦わずして功を挙げることに成功する。

ちなみに源満仲の三人の息子は、長男の頼光が摂津《せっつ》源氏、次男の頼親《よりちか》が大和《やまと》源氏、三男の頼信が河内源氏の祖となる。

それにしても、せっかく叛旗《はんき》を翻《ひるがえ》したものの、なぜ忠常は呆気《あっけ》なく白旗を掲げたのだろうか。

一説に、戦乱で農地が荒れ果て、反乱が経済的に破綻《はたん》したとも、忠常の病が篤《あつ》くなったとも（京へ連行される途次に美濃《みの》で病死）、忠常はかつて頼信の郎従（侍身分の家人）だったので逆らえなかったとも言われるが、理由はどうあれ、源氏の手で東国の反乱が鎮定された事実に変わりはない。

これにより、朝廷や公家社会での源氏の評価が一気に騰《あ》がる。

一方、直方の失態により、平氏嫡流・維将の系統は衰退の一途をたどり、後に鎌倉幕府の執権《しっけん》となる北条《ほうじょう》氏が出るまで、歴史の表舞台から姿を消す。

かくして嫡流の直方に代わり、維将の弟・維衡の系統が所領の伊勢に地盤を築き、伊勢平氏として平氏全体を代表する系統となっていく。

一方、頼信の息子で河内源氏二代目の頼義《よりよし》は、平直方の娘との婚姻により、直方の父祖が築いてきた坂東の所領と利権を継承することに成功する。

このあたりの詳細経緯は不明だが、この婚姻は、頼義を見込んだ直方が積極的に進めたとされる。この頃は、源平双方にライバル意識はあまりなく、よりよいリーダーに所領を託し、母系《ぼけい》となっても、血脈を広げていくという考えがあったようだ。

このように、時は平安中期、藤原北家による摂関政治華やかなりし頃より胎動《たいどう》を始めた武士たちの覇権《はけん》争いは、源氏優位のまま前九年《ぜんくねん》・後三年《ごさんねん》の役を迎える。

永承《えいしょう》六年（一〇五二）に始まる前九年の役では、頼信の後を継いだ頼義が活躍、陸奥国で叛旗を翻した安倍《あべ》氏の討伐に成功した。

永保《えいほう》三年（一〇八三）に始まる後三年の役では、頼義の嫡男・八幡太郎義家が清原一族の内訌に介入し、武力により内訌を終息させることで、東国にその名声を轟《とどろ》かせた。

こうした経緯で、武家社会の覇権は、ほぼ源氏が手にした。しかし、そうなればそうなるで始まるのが、源氏のお家芸の内訌だ。

後三年の役の立役者・源義家は、武人としては優れていても、政治的には不器用だったらしく、後三年の役の戦後処理を誤り、朝廷からこの戦いを私戦と断定された。義家は配下に恩賞を与えられず、私財をなげうって恩賞とした。逆に、これが義家と東国武士の間に人格的主従関係を生み出し、主従倫理らしきものが芽生えてくる。これが後に源氏の大きな財産となる。

この朝廷（具体的には院庁）の裁定には、摂関家と密接な関係にある源氏勢力を衰微させようという白河院の意向が強く反映されていた。摂関家と歩《ほ》を一《いつ》にして台頭してきた源氏は、摂関政治を否定して院政を志向する白河院にとって天敵に等しく、その力を弱めることこそ、自らの独裁を強めるものとなるからだ。

そこで、源氏のお家芸の内訌の話になる。

後三年の役における義家の失策に付け入ろうとしたのが、弟の義綱《よしつな》だった。二人の間で大きな衝突はなかったものの、義家と義綱は反目し合う関係となる。

とにかく源氏というのは、父子や兄弟間の仲が悪く、内訌がお家芸のようなものだが、歴史に残るものとしては、この義家と義綱の仲違いが最初となる。むろん義綱を焚《た》きつけた黒幕がいたことも容易に推測できる。

所領争いに端を発したこの諍《いさか》いは、嘉承《かしよう》元年（一一〇六）の義家の死後、その後継となった四男義忠《よしただ》が天仁《てんにん》二年（一一〇九）、何者かに殺されることで一気に爆発する。この時、義忠を殺したのは義綱とその嫡男・義明《よしあき》とされ、義綱一族は追討を受ける羽目に陥る。

結局、義綱の六人の息子は、義忠養子の為義《ためよし》（頼朝の祖父）と義家三弟の新羅三郎《しんらさぶろう》義光《よしみつ》により討伐され、義綱本人は佐渡に配流《はいる》され、その地で病死する。

しかし後にこの陰謀が、嫡流の乗っ取りを図った義光によるものと分かり、いち早く、義光は常陸国へと逃亡を図る。

この一連の謀略には当然、それを企画演出した者がいたはずで、その庇護《ひご》が得られると踏んだからこそ、義光は謀略を実行したのだろう。

言うまでもなく、それだけの力を持つのは白河院を措《お》いてほかにいない。先ほど述べた黒幕というのも白河院に違いない。つまり白河院は、義綱を焚きつけて義家と反目させておき、さらに義光に陰謀を指嗾《しそう》したことになる。

白河院とその側近は、源氏の遺伝子の一つ、短絡的《たんらくてき》かつ内訌好きという点に付け込み、周到に策をめぐらせたのだろう。

この内訌の前年の天仁元年（一一〇八）には、弟の義忠が義家の後継に指名されたことに不満を持つ義家次男の義親《よしちか》が西国で叛乱を起こし、追討を受けたことも源氏衰退の一因となった。

しかも義親を討伐したのが、白河院の手足に等しい伊勢平氏嫡流の平正盛だったため、平氏復活のきっかけを与えてしまうことになる。この正盛が清盛の祖父にあたる。

かくして義家、義綱、義光、義親、義忠ら源氏の柱石《ちゅうせき》を担う人物が、共食いするように世を去り、また中央から消えていく中、伊勢平氏が静かに台頭を開始する。

しかも悪いことは重なるもので、河内源氏の当主・為義は、永長《えいちょう》元年（一〇九六）生まれで同い年の忠盛に比べると、人望・人格共に劣る人物だった。

天仁二年（一一〇九）、十四歳の時、義綱一族を討伐し、左衛門尉《さえもんのじょう》に任官した為義は、平忠盛と共に、南都《なんと》北嶺《ほくれい》（興福寺《こうふくじ》と延暦寺《えんりやくじ》）などの権門寺院《けんもんじいん》の強訴《ごうそ》を取り締まる仕事を続けていたが、忠盛ほどの政治的手腕も商才もなく、「摂関家の犬」の域を脱することはなかった。

その鬱積《うっせき》した不満と院への疑心が、後に保元の乱に発展することは周知の通りだ。

忠盛の時代

そもそも正盛が白河院のお気に入りになったのは、院とその近親者への荘園寄進《きしん》に端を発する。つまり賄賂である。この時代は、賄賂が公然と行われており、賄賂を渡す方も受ける方も、何ら恥じることないのが常だった。まあ、今も同じか。

承徳《じょうとく》元年（一〇九七）、国守の中で最下位の一つ・隠岐《おき》守だった正盛は、その所領にあたる伊賀《いが》国の鞆田《ともだ》・山田両村二十町を六条院に寄進した。六条院とは、わずか二十歳で亡くなった院の第一皇女を弔うために建立された寺院のことだ。

これが亡き皇女を思う院の心を動かし、正盛は若狭《わかさ》守に栄転する。これにより当代の実力者・白河院に接近した正盛は、因幡《いなば》、但馬《たじま》、丹後《たんご》、備前《びぜん》などの「熟国《じゆくこく》」、つまり収入の多い国守を歴任し、着々と地歩《ちほ》を築いた。前述の義親討伐は、正盛が因幡守時代の天仁元年（一一〇八）のこと、この功によって正盛は但馬守に栄転する。

権中納言《ごんの》・藤原宗忠《むねただ》は、その日記『中右記』において、最下品《さいげぼん》（六位以下）の正盛が、「熟国」の但馬守に任命されたことに不満を述べているが、実は、院には別の思惑があった。すなわち、摂関家に密着した源氏の対抗馬として、平氏を育てようとしていたのだ。それゆえ院は正盛を北面の武士として重用した。

ちなみに北面の武士とは、当時の記録では「院北面衆《いんのほくめんのしゆう》」と呼ばれる武士たちのことだ。彼らは、院御所の日当たりの悪い北に面した部屋に「侍《さぶろ》ふ」、つまり控えていたため、北面の武士と呼ばれるようになった。

彼らは諸大夫でもなく六位以下の「侍品《さむらいほん》」で、支配階級の末端にかろうじて名を連ねる者たちだった。彼らの上位には諸大夫層の文官にあたる「上《かみ》北面」がおり、武士の大半は「下《しも》北面」だった。彼らは常に三十人ほどが在番しており、全員で八十人ほどいたらしい。それぞれの家人《けにん》は人数に含まれていないので、戦力的には、十分なものがあったと思われる。

しかし正盛にとっては、貴族社会の階《きざはし》を昇るのは容易でなく、摂関家と源氏の関係と同様、北面、検非違使《けびいし》、追捕使として院に使い回された感もある。

保安《ほうあん》二年（一一二一）に没した正盛に代わり、伊勢平氏の棟梁《とうりょう》となったのが、永長《えいちょう》元年（一〇九六）生まれの忠盛だ。元服してから十年余にわたり、父正盛と歩を一にしていたこともあり、すでに朝廷や公家社会で、その顔は売れていた。

しかも永久《えいきゅう》二年（一一一四）、白河院の寵姫《ちょうき》・祇園女御《ぎおんのにょご》に仕え、そのお気に入りとなったため、白河院の覚えもめでたかった忠盛は、二十歳で従五位下に叙せられる。その忠盛がさらに頭角を現すのは、西海《さいかい》（瀬戸内海）や南海（九州沿岸地域）海賊の討伐だった。この一連の出征で、忠盛は自らの家人ではない人々を「賊虜《ぞくりょ》」として都に連行した上、有無を言わさず処刑し、その名をさらに高めた。

ちなみに家人とは、特定氏族に従属する奉公人のことだが、後の平家や源氏が国家警察の役割を肩代わりすることで私兵と国軍の区別があいまいになり、御家人という用語が生まれた。つまり家人と御家人とは、その意味を異にする。

こうして忠盛は、伯耆《ほうき》、越前《えちぜん》、備前、美作《みまさか》、尾張《おわり》、播磨《はりま》といった「熟国」の国守となって利権を貪《むさぼ》ると同時に、西国の有力者や荘園の管理人たちと人格的主従関係を築いていく。

さて、この辺りで皇族にも目を向けねばならない。前述した通り、白河帝が退位し、上皇となった応徳《おうとく》三年（一〇八六）頃から藤原氏の摂関政治が衰退し、院政が始まる。平家勃興の背景として、院政と白河院についても触れておきたい。

白河院と院政

正盛や忠盛の活躍する時代に政界を牛耳っていたのは白河院だった（「天皇家略系図」参照）。

白河院は院政を始めた上皇とされ（父の後三条院が、五カ月だけ院政を布いたという説もある）、五十七年にわたり政治の頂点に君臨した（天皇在位十四年、院政四十三年）。この人は、「聖明《せいめい》の君、長久《ちょうきゅう》の主」（『中右記』）とたたえられるほど優秀で生命力のある傑物だったが、典型的な独裁者で、賄賂を好み、政治を私した。

知行国主や国司の地位は利権化され、貴族たちは血眼《ちまなこ》になって「熟国」を求めた。その結果、賄賂は賄賂を呼び、国家の権威は地に落ちた。

ちなみに知行国制とは、皇族や有力貴族が特定国の知行権を得て、そこから上がる収益を自らの収入とする律令外の特例制度のことだ。知行国主は国守の上位に君臨し、国守の任命権を持っていた。つまり自らの近親や家臣を国守に任命すれば、その国から上がる収入の大半を懐に入れることができたのだ。

ここで国守と混同しやすい国司についても言及しておく。

国司とは、諸国の「守《かみ》」「介《すけ》」「掾《じょう》」「目《さかん》」の四等官の総称で、正確には「守」だけを指すものではない。これに対し受領《ずりょう》とは、「守」が現地に赴かず、遥任《ようにん》（目代と呼ばれる代官を現地に派遣し、自らは都にいる統治形態）するようになったため、実際に任国に赴任する最高位の者のことを指し、主に「介」に相当する。

お分かりいただけただろうか。知行国主（人事権を持つ株主）―国守（経営者）―受領（取締役執行役員）という関係と理解すればよい。また知行国主は都道府県知事、国司（国守&受領）は役人、荘園主は地主と覚えてもよい。

このように一つの土地には、様々な利権が絡《から》んでいた。

さらにここで院政についても触れておく。

院政とは、天皇がその地位を自らの子に譲ることによって新天皇をコントロールし、政治の実権を握る政治体制のことだ。確かに天皇は臣民の頂点に君臨するものだが、幼君なら何の発言力もなく、実権は天皇家の家長にあたる父や祖父が握ることになる。

これを「治天《ちてん》の君」という。

「それなら、天皇のままでいいのでは」と思いがちだが、そこには律令制の頸木《くびき》があり、天皇のままでは政治体制的に藤原摂関家の干渉から逃れられないというジレンマ

天皇家略系図

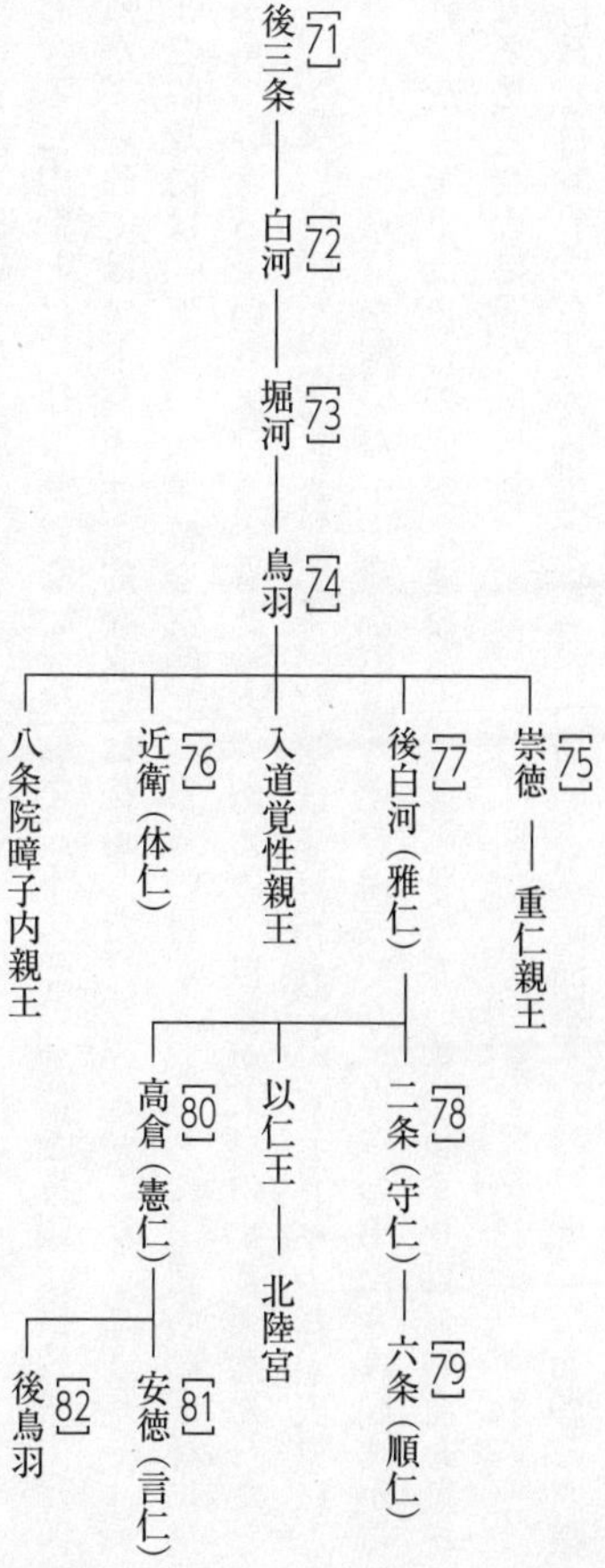

※［ ］内は天皇代

があった。そのため、いったん自らをフリーな立場とした上、幼君の父として実権を握るという複雑な仕組みが生まれたわけだ。

院政では、摂関家は内覧《ないらん》とされて著しく発言力が抑えられる。つまり、そうした仕組みの盲点を突いたのだ。

ちなみに内覧とは、律令制にない令外官《りょうげのかん》で、本来その地位と権限は摂政関白《せっしょうかんぱく》に匹敵するが、院政ではアドバイザー的な立場に後退した。

また院政には、天皇の人事権を支配し、自らの目が黒いうちに、自らの子孫に皇統を伝えていけるというメリットもあった。例えば、自らが天皇のまま突然死したとすると、弟ないしは異母弟に皇統がさらわれる可能性が高い。しかし子や孫が天皇になっていれば、天皇位を継いだ子や孫が不慮の死を遂げても、自らの弟たちは候補から外され、次の天皇は自らの血脈に連なる者に継承されていく。つまり自らの血を皇統に残せることになる。

院政を確立し、巨大な権力を握った白河院も大治《だいじ》四年（一一二九）に崩御し、孫にあたる鳥羽《とば》上皇が院政を開始する。しかし鳥羽院も金権体質は変わらず、賄賂を得意とする忠盛も引き続き重用される。

白河院崩御の翌年、鳥羽院により忠盛は正四位下に叙され、長承《ちょうしょう》元年（一一三二）

には、鳥羽院のために得長寿院《とくちょうじゅいん》を建立した功によって内昇殿《ないしょうでん》まで許される。

ちなみに内昇殿というのは、天皇のプライベート・スペースと言える清涼殿《せいりょうでん》の殿《てん》上《じょう》の間への出入りを許可されるもので、俗に「殿上人《てんじょうびと》」と呼ばれ、公卿《くぎょう》（太政《だじょう》大臣、左大臣、右大臣、大納言、中納言、参議）以下の公家《くげ》にとっては、憧れの的だった。

ちなみに、議定《ぎじょう》（朝議）は上記の公卿で行われたが、律令により、それぞれ定員が決まっており、何らかの要因で定員オーバーとなる場合は、新たに着任した者には「権《ごん》」の字を付けて「権大納言」などと呼んだ。「権」とは「仮に」という意で、正官よりも権威の面で劣っていた。

いずれにしても忠盛の出世は「人々耳目《じもく》を驚かす」「未曽有《みぞう》」のもので、公家社会の反感を買った。それが『平家物語』における「殿上の闇討」というエピソードにつながっていく。

詳述は避けるが、これは、新たに昇殿を許された者に必ず行われる通過儀礼で、公家たちが暗がりの中で暴力を振るうことらしい。何とも物騒だが、それを知る忠盛は大刀を帯びて威嚇《いかく》し、常に郎党を庭に控えさせていたので、公家たちは闇討ちに及べなかったという逸話だ。今日の大学のクラブなどにもある手荒い歓迎式のようなものだったのだろう。

ここで院近臣についても触れておく。

院とは当初、上皇や法皇の御殿を意味したが、それがいつしか上皇や法皇本人を指すようになる。「治天の君」の院が政務を遂行するためには、スタッフが必要になる。それが「治天の君」の側近として、政治を左右するまでになる院近臣だ。彼らは諸大夫等の中下級貴族の出で、天皇の室や乳母《うば》を近親者から出すことにより、天皇が「治天の君」になった際、絶大な権力を握った。

院政における実務をこなす役所を院庁、そこで働く人々を院司《いんじ》と呼び、最上位者の別当《べっとう》、次官の判官代《ほうがんだい》、さらに主典代《さかんだい》といった管理職が院司を使って実務を処理した。つまり上皇や法皇の身の回りの世話をするために作られた院庁は次第に巨大化し、「治天の君」の政務執行機関となっていったのだ。

かくして「北面下《げ》臈《ろう》備前守」と呼ばれた父正盛の代まで、位階六位止まりの「最下《さいげ》品《ぼん》」「侍品」と揶揄され、使い走りのような役割を演じさせられてきた平家一門は、忠盛の代になって勃興の機会を摑んだ。

平家のブルーオーシャン戦略

朝廷を牛耳る院や公卿に使い回されながらも、ライバルの源氏を蹴落とし、平家は着実に勢力を扶植《ふしょく》してきた。次々と「熟国」の国司の座に就き、そこから吸い上げた利益を院への賄賂とし、さらに出頭するというビジネスモデルを構築した平家だったが、さらにステップアップするためには、既存のモデルを超克《ちょうこく》する別の収益モデルを築く必要があった。

いわゆるブルーオーシャン戦略だ。

「誰でも、そんなことは考えるだろう」と思うなかれ。後の源氏政権や執権北条氏の鎌倉幕府も同様だが、当時の利権のほとんどは土地にあるため、公家たちは土地から上がる利益をいかに増やすかに腐心していた。それが耕作民からの収奪《しゅうだつ》に向かうのは必然で、それが一揆や流民《るみん》を生み出す悪循環にもつながっていた。

それでは平家のブルーオーシャンとは何か、それは文字通り、青い海にあった。

保安元年（一一二〇）、越前守に補任《ぶにん》された忠盛は任国に赴任するが、そこには敦《つる》賀《が》港があり、宋船のもたらした大陸の文物《ぶんぶつ》が間接的に流入してきていた（宋船はやってきていないはず）。これに目を付けた忠盛は、貿易に関心を抱くようになったと思われる。

むろん在任中の全期間を、忠盛が越前で過ごしたはずはなく、大半は遥任だったと思われるが、忠盛が貿易に目覚めたのは越前守時代だろう。

当時、大宰府《だざいふ》だけに許されていた官貿易は、来航年期の制限などにより、宋の貿易商にとって旨味《うまみ》がないため、九州各地の荘園領主の招きにより、なし崩し的に密貿易化していた。

これに忠盛は目を付けた。

忠盛は博多に貿易の根拠地を築きたいと思った。ところが大宰府の長・大宰権帥《だざいのごんのそち》には公卿でないと就けないため、忠盛はこれを諦め、肥前《ひぜん》国の神崎荘《かんざきのしょう》の管理を行いたいと院に願い出る。

神崎荘には院の大荘園（後院領《ごいんりょう》）があり、そこから集めた年貢を積み出す港が博多にあったため、年貢の運搬で博多に出入りしても、どこからも文句は出ないという抜け道があった。かくして忠盛は、神崎荘の年貢管理をすることで、博多に日宋貿易の拠点を築くことに成功する。

幸いにも鳥羽院には、大陸の宝物《ほうもつ》や美術品の収集癖があったらしく、それを知った忠盛は、院に大陸の珍奇な文物を献上することで、出費以上の寵を得た上、密貿易を見逃してもらったのだ。

大陸の文物を得るために、忠盛は伊勢で産出した水銀、志摩で獲れた真珠、陸奥国の金山から掘り出した金を主要輸出品とした。

清盛の弟の一人の経盛《つねもり》を生んだのは源信雅《のぶまさ》の娘だが、忠盛は院に運動し、この信雅を陸奥守に就け、陸奥から金を運ばせたという。まさに日本列島全域を舞台にした平家のファミリービジネスの開始だ。

(2) 父と子の宿命――謎に包まれた前半生

清盛出生の秘密とその昇進速度の謎

清盛の生誕は永久六(一一一八)正月十八日とされる。この頃は白河院の院政全盛時代で、平家は祖父正盛が健在で、父忠盛も二十三歳という若さだった。

つまり、平家が興隆を迎えようとしている矢先に、清盛は誕生したことになる。

清盛の実母は、順当に考えれば、清盛生誕の二年後に死去した忠盛の正室(仙院の女房)となるが(正室説)、『平家物語』では、白河院の子を孕《はら》んだ祇園女御が忠盛に下げ渡されたとされている(落胤《らくいん》説)。

また、忠盛と祇園女御がただならぬ関係になり、不義の子として清盛が生まれたとする説もある（不倫説）。

さらに、近江胡宮《おうみこのみや》神社文書の「仏舎利相承系図《ぶっしゃりそうしょうけいず》」によると、祇園女御の妹こそ清盛の母だという（祇園女御の妹説）。

祇園女御なる人物は、白河院の晩年に寵愛を独占したとされる院の「思ひ人」で、『今鏡』によると、正盛が早くから祇園女御に仕えていたため、忠盛もそのお気に入りとなり、祇園女御の願いにより、院は忠盛を各地の国守に補任《ぶにん》するようになったという。

史料的裏付けがないので正室説とするのは無難だが、そうなると、その後の白河院と忠盛の癒着《ゆちゃく》や、清盛の異常なまでの位階昇進の早さが説明できなくなる。

まず不倫説だが、さすがに奔放《ほんぽう》な当時の宮廷でも、忠盛が主筋にあたる祇園女御と関係するなどありえないと考えてよい。もしそれが事実とすれば、逆に忠盛は白河院の逆鱗《げきりん》に触れて失脚させられるはずだ。しかし有能で慎重な忠盛が、女性の魅力に負けて一族の衰退を招きかねない情事に身を焦がすなど現実的ではない。つまり不倫説は除外してもよいだろう。

そこでクローズアップされるのが落胤説となる。

白河院の落胤説に立てば、その後の清盛の昇進の早さが説明できる。清盛の十五年後に生まれた異母弟・頼盛《よりもり》、同じく二十年後に生まれた嫡男・重盛の位階昇進速度が、平家全盛時にもかかわらず、清盛に比べて遅いことを勘案《かんあん》すれば、落胤説は大いにうなずける。

この落胤説に妹を絡めると、ストーリーはさらに現実味を帯びてくる。

祇園女御に仕える忠盛が、その館に通ううちにその妹と親しくなり、清盛が生まれたという展開はどうだろう。これならば、祇園女御が妹の息子に目をかけてもらえるよう白河院に頼み込み、祇園女御を愛する白河院が、その望みを叶えてやったと考えられる。

しかし、それ以上にありそうな話として、祇園女御の妹に白河院の手が付いてしまい、妊娠してしまう。それを知った祇園女御が白河院に抗議し、困った白河院が妹を忠盛に下げ渡す。それを嫌な顔一つせずもらい受けた忠盛は、自らの子として清盛に伊勢平氏嫡流の座を継がせる。それに恩を感じた白河院が清盛と伊勢平氏を優遇する、という筋書も大いにあり得る。

おそらく白河院と忠盛は、この一事をひた隠しにしただろう。それゆえその事実を知っていたとしても、院と平家の威勢を恐れた公家たちは日記に記さなかった。ところが、たまたまそんな気の回らない田舎神社（近江胡宮）の記録に残ってしまった、というあたりが真相ではないだろうか。

いずれにしても、祇園女御なのか、その妹なのかは別として、落胤説は頭から否定されるべきものではないと思う。

しかし最近では、ほかの院近臣子弟の昇進速度と比べ、清盛のそれが必ずしも早くないとする説が、実際の事例を伴って提議されており、さらに落胤は、むしろマイナスという説もあり、落胤説が説得力を失いつつあるということも付け加えておく。

さて、白河院庁の非蔵人《くろうど》から出発した清盛は、大治四年（一一二九）、十二歳で従五位下に昇進し、貴族の末席に連なると、十四歳で従五位上に名を連ねた。

ちなみに蔵人とは律令の令外官《りようげのかん》で、皇や院の秘書官のことだ。非蔵人とは、位階六位の中から選ばれる蔵人見習いのことだ。

さらに保延《ほうえん》元年（一一三五）、十八歳となった清盛は正五位下となるや、父忠盛の海賊追討の恩賞を譲られ、同年中に従四位下に叙せられている。父の功により、清盛は一年を経ずして五位から四位への厚い壁を破ったことになる。

翌年には、これまた忠盛の譲りによって中務大輔《なかつかさのたいふ》の官職に就き、保延三年には肥後《ひご》守となった。この年齢での国守就任は、武士としては異例だ。これは、父忠盛が熊野本宮を造進《ぞうしん》したことの恩賞だという。いかに清盛でも、この頃までは父の挙げた功績や賄賂の恩恵に浴したと考えられる。

さらに同六年、二十三歳の時に従四位上へと昇進した清盛は、久安二年（一一四六）には、二十九歳で正四位下に上っている。

青年時代の清盛とその兄弟

多くの英雄豪傑がそうだったように、少年期から青年期にかけての活躍は父親の陰に隠れて定かでないことが多い。清盛もその例にもれず、少年期から青年期にかけて、独自の活躍がどれほどあったか伝わっていない。おそらく父忠盛に随伴し、西海や南海の海賊征伐に赴いたのだろう。というのも忠盛の海賊追討の恩賞を譲られるためには、いかに父子とはいえ、共に戦った実績が物を言うからだ。その点、弟たちと年齢が離れていたのは、清盛にとって幸いだった（腹違いの次弟・家盛は六歳下）。

さらに保延三年（一一三七）、肥後守になってから五年ほど、清盛の足跡は途絶えてしまう。というのも、史料的に信頼のおける記録とされる『長秋記』『中右記』といった公家の日記が、この頃、著述者の死去と出家により絶筆《ぜっぴつ》となってしまうからだ。その後も、同六年に従四位上に叙されたことのほかに記録はなく、どのような活動をしていたのかは見当もつかない。

今日の清盛像には、出家後の晩年のイメージが色濃く残り、青年期の潑剌《はつらつ》とした姿が想像しにくい。それも、この時期の逸話が少ないことに起因しているのだろう。

唯一、この頃の清盛を伝える逸話として、京童《きょうわらべ》の戯《ざ》れ歌の一節に「六波羅《ろくはら》のふかすみの高平太《たかへいだ》の通るは」というものがある。ここからは、当時の平家が成り上がり者として、公家社会のみならず下々の間でも、嫉妬ややっかみを持たれる存在だったことが分かる。

「六波羅」とは言うまでもなく、忠盛・清盛父子の館があった場所で、「ふかすみ」とは墨黒《すみぐろ》の馬、「高平太」とは高足駄（高下駄）の平家の太郎（長男）という意味になる。これは、後に鹿《しし》ヶ谷の陰謀が発覚して捕縛された西光《さいこう》が、「京童子《きょうわらべ》は高平太とこそ言ひしか」と述べていることからも事実だろう。

後に、人望人徳を備えた大物として史上に登場する清盛も、その若き頃は、織田信長にも共通する、常に何かに反発している傲慢《ごうまん》な若者だったのかもしれない。

清盛の青年期の活躍は五里霧中《ごりむちゅう》だが、家族については記録がある。

清盛生誕の二年後に死去した忠盛の正室（仙院の女房）の後に継室《けいしつ》として入ったのが、藤原宗子《そうし》こと後の池禅尼《いけのぜんに》だ。その父は院近臣の藤原宗兼《むねかね》で、忠盛が院近臣と近い関係にあったのは明らかだ。宗兼としても、裕福な平家と婚姻関係が結べるのは、またとない話だったのだろう。

忠盛と宗子の間には、家盛と頼盛という二人の息子がいた。彼らは清盛の異母弟にあたる。

家盛は清盛の六歳下の次弟にあたり、清盛に迫る出頭を遂げていたが、不運にも久安五年（一一四九）、鳥羽院の熊野参詣に随行した帰途、京を目前にして二十七歳で急逝《きゅうせい》した。それまでは全く健康だったらしく、その死はあまりに唐突だった。

宗子は院近臣の娘なので、仮に清盛が白河院の落胤ではなく仙院の女房の腹だったとしたら、その血筋から、家盛が家督を継ぐ可能性も十分にあった。しかし家盛の早世により、清盛の地位は盤石《ばんじゃく》となった。

一方、家盛と同腹の頼盛（忠盛五男）は、清盛とは十五歳も離れており、いかに宗子が有利な立場にあったとしても、清盛が早世しない限り、家督相続の目はなかった。それゆえ清盛には、家盛さえ排除してしまえば、自らの座を脅かす存在はいなくなる。つまり家盛の不可解な死に、何らかの陰謀が絡んでいたとしても不思議ではない。だが陰謀論の痕跡は全く残っていないので、病死と考えるのが妥当だろう。裏付けのない話はそこまでとし、続く兄弟を年齢順に紹介していきたい。

忠盛三男の経盛は、前述のごとく村上源氏の源信雅の娘を母として、天治元年（一一二四）に生まれた。清盛とは七歳ほど離れている。母の身分が低かったためか、家盛・

頼盛兄弟に比べて昇進速度が遅く、五十八歳で正三位《しょうさんみ》参議に就任した。本人も歌壇での活動を専《もっぱ》らとしていたらしく、歌を通して皇族や公家の覚えがめでたく、長らく宮城警固の役割を担っていたらしい。しかし朝廷や院庁に強い人間関係があったとしても、いざとなると、清盛には絶対服従の姿勢を崩さない忠実な弟だった。

この経盛が本領を発揮するのは、平家の都落ちの後だ。一ノ谷の合戦で息子すべてを失ったにもかかわらず、壇ノ浦の戦いにおいて、経盛は宗盛《むねもり》を叱咤して決戦を推進し、堂々たる最期を遂げる。

大治三年（一一二八）生まれの忠盛四男・教盛《のりもり》の母は、関白藤原師通《もろみち》の孫・家隆《いえたか》の娘だ。後白河院の実母の待賢門院《たいけんもんいん》の女房だった母の人脈により、教盛は親後白河院としての立場を貫く。参議となるのも四十一歳の時で、経盛よりも早い。

応保元年（一一六一）、教盛は憲仁《のりひと》親王の立太子《りったいし》を企てて解官《げかん》させられているが、独自の行動らしいものはこれくらいで、清盛が後白河院を圧倒した後は、忠実な弟として清盛に仕えた。この教盛も、土壇場では肝の太いところを見せ、兄の経盛同様、一ノ谷で息子すべてを失った上、自身も壇ノ浦で入水する。

長承元年（一一三二）生まれの頼盛は、前述のごとく宗子の所生で、清盛の弟の中では、最も独立性が高かった。常陸、安芸《あき》、三河《みかわ》、尾張守を歴任、また越前、尾張、紀伊《きい》、加賀《かが》、佐渡の知行国主にも就いた。最高位は正二位《しょうにい》権大納言。後に清盛と後白河院の対立が顕在化するにつれ、後白河院寄りになっていくが、治承三年の政変で右衛門督《うえもんのかみ》の官職を解官されてからは、清盛に絶対服従を貫く。しかしその後、清盛から離反する機会を窺っていたことは、寿永《じゆえい》二年（一一八三）の平家都落ちの際、一門に付き従わず、頼朝に降伏したことからも明らかだろう。

一門都落ちの後、頼盛だけは、いったん没官《もつかん》（没収）された旧領も還付《かんぷ》され、唯一、平穏な生涯を送った（享年は五十五）。ただしその子孫は、頼盛嫡男の光盛《みつもり》の足跡がわずかに残る程度で、政治の表舞台から姿を消し、その子孫たちがどうなったのかは杳《よう》として知れない。

忠盛六男にして末子《ばっし》の忠度《ただのり》は、天養《てんよう》元年（一一四四）の生まれとされる。清盛とは二十六歳も差があり、保延四年（一一三八）の生まれとされる清盛嫡男・重盛よりも六歳年下になる。母親も尾張の豪族・丹羽《にわ》氏の娘ということで身分が低く、兄弟の中では影の薄い存在だった。しかし『平家物語』などでは、文武に優れた一流の人物とされ、一ノ谷の戦いで敵と組み打ち、華々しい最期を遂げた。

このように清盛の弟たちは、ただ栄華の日々に溺れていたわけではなく、自らの立場と役割をわきまえ、忠実に仕事をこなしていた。しかも滅亡の折には、頼盛を除き、堂々たる死に花を咲かせたことを忘れるわけにはいかない。

清盛、最初の危機

かくして、父忠盛の庇護の下、順調な昇進を遂げてきた清盛だったが、最初の危機は久安三年（一一四七）にやってきた。

祇園社頭闘乱《ぎおんしゃとうとうらん》事件である。

六月十五日、宿願成就を願い、祇園社に田楽《でんがく》を奉納《ほうのう》すべく、清盛は楽人《がくじん》を送り込んだ。その際、楽人を護衛していた清盛の郎従たちに、祇園社が武装解除を求めたことに端を発し、小競り合いが発生、矢が神殿に命中、社側に負傷者が出た。

これに怒った祇園社の本寺の延暦寺は、院御所や内裏《だいり》に向かって、忠盛と清盛の配流を求める強訴に踏み切った。

ちなみに強訴とは、「南都北嶺」と謳われた比叡山延暦寺と奈良興福寺が、荘園紛争や大寺院の人事をめぐり、意にそぐわないことが起こった際、神輿《みこし》や神木《しんぼく》などの神《しん》威《い》をかざして洛中に繰り出し、強引に要求を通そうとすることだ。

独裁者の白河院が、己の意のままにならぬものとして、「鴨川の水、賽《さい》の目、山法師（延暦寺）」を挙げているが、この時代、それほど南都北嶺などの権門寺院の勢力は強かった。

しかし強訴とは、合戦ではなく宗教的権威により世俗権力を屈服させようとする、いわばデモのようなものだったため、院側も北面の武士を使った防御に徹し、妥協的な解決が図られるのが常だった。

この祇園社頭闘乱事件当時の「治天の君」は鳥羽院だったが、三十日、鳥羽院は公卿を招集して議定を開催し、その場で忠盛・清盛父子を擁護《ようご》する方針に決した。

鳥羽院は混乱を避けるべく、河内源氏の源為義、美濃源氏の源光保《みつやす》、伊勢平氏庶流の平盛兼《もりかね》、また、諸国に散らばる国衙の守備兵を召集した。

さらに鳥羽院は、公卿の藤原顕頼《あきより》に事件を検分させた末、明法家《みようぼうか》（法律家）に裁断させ、忠盛・清盛父子に「贖銅三十斤《しよくどうさんじゆっきん》」という罰金刑を科すことで、この事態を収拾《しゆうしゆう》した。

方針の即時決定といい、平家を擁護しつつ山門側の面目も施すという鳥羽院の見事な裁定だと思う。優柔不断と揶揄されることの多い鳥羽院だが、こうしたトラブルに際してはバランスを取ることに長けており、有能な「治天の君」と言っていいだろう。

その本領は、後に起こった摂関家内紛事件の初期に発揮される。

いずれにしても、この場面で南都北嶺を過度に恐れる法皇だったとしたら、または、院が多くの武士を動員できる体制が整っていなかったなら、忠盛・清盛父子はいったん配流されたに違いない。

いつかは赦免されるとしても、父子が退勢を盛り返すには四～五年は余計にかかったはずだ。位階の昇進が寿命との競争となる当時としては、「治天の君」が鳥羽院だったことは、たいへん幸運だったと言わねばなるまい。

ただしこの後、忠盛の活動は従前と変わらず見られるが、事件の当事者の清盛は謹慎させられたのか、その動向が明らかでない。

清盛の活動は、久安五年（一一四九）五月に高野山の根本大塔《こんぽんだいとう》が焼失し、その造進を買って出た忠盛が、自らの代わりに清盛を造営事始《ぞうえいことはじめ》の代官として派遣するまで見られない。

近衛天皇の後継の座は誰に

大治《だいじ》二年（一一二七）、鳥羽院と待賢門院との間に第四皇子・雅仁《まさひと》が生まれた。ちょうど清盛の九歳下になる。兄が三人もいる上、八歳上の長兄・崇徳《すとく》は保安四年（一一二三）、天皇位に就いており、しかも保延五年（一一三九）、鳥羽院の寵愛する美福門《びふくもん》院《いん》（藤原得子《ふじわらのなりこ》）に皇子・体仁《なりひと》が生まれ（後の近衛《このえ》帝）、翌年には崇徳帝にも皇子の重仁《しげひと》が誕生している（「天皇家略系図」参照）。

つまり、この第四皇子の雅仁が天皇位に就くことは、まずあり得ないことだった。

しかも本人は、天皇になりたいなどと露ほども思っていなかったらしく、保延五年（一一三九）の元服の頃より、今様《いまよう》にうつつを抜かすようになる。『梁塵秘抄《りょうじんひしょう》』には「十余歳の時より今に至る迄、今様を好みて怠る事なし」「春夏秋冬、四季につけて折を嫌うことなく、ひねもす謡い暮らし、よもすがら唄い明かさぬ」と記されるほどだった。

今様とは当時の歌謡曲のようなもので、庶民に愛された娯楽の一つだ。「京の男女」「所々のはしたもの」「江口、神崎のあそび（遊女）」だろうと、構わず邸内に招き入れた雅仁は、今様を謡い暮らした。とくに神崎の遊女かねは、その名も残るほど雅仁のお気に入りだった。

これを憂えた実母・待賢門院は久安元年（一一四五）に逝去し、雅仁の加冠《かかん》役の左大臣・源有仁《ありひと》も翌々年に亡くなった。これでタガが外れた雅仁は、いっそう今様にのめり込んでいった。

そんな雅仁をじっと見つめる男がいた。鳥羽院と待賢門院に仕え、雅仁の乳母に自らの室を入れることに成功した信西《しんぜい》こと、正五位下・前少納言の藤原通憲《みちのり》だ。

嘉承元年（一一〇六）、南家貞嗣《さだつぐ》流という、大学頭《だいがくのかみ》や文章博士《もんじよう》を世襲する藤原氏傍流に生まれた信西は、父が早死にしたため、裕福な受領系院近臣の高階経敏《たかしなのつねとし》に養子入りし、その賄賂により、待賢門院の判官代（院庁の次官）から鳥羽院の判官代になり、康治《こうじ》三年（一一四四）、日向《ひゅうが》守から少納言に任じられた中堅官僚だった。

だが信西の博識多才ぶりは尋常ではなく、中堅官僚には収まりきれない向上心があった。だがこの時代の出世は家柄で決まる。それゆえ官位（官職と位階）の昇任が頭打ちとなると出家し、鳥羽院の政治顧問的な立場を占め、政権の実務面を任されるようになる。

出自《しゅつじ》がすべての当時でも、出家することで身分の壁を超克し、権力者の懐刀《ふところがたな》となり、実質的権力を握るという手があった。

忠盛が受領となっていた後院領の神崎荘も、その没後に受け継ぎ、忠盛の後追いとはいえ、日宋貿易に携わったことでも、信西の先見性がうかがえる。

信西の野心は、鳥羽院亡き後も政治の中枢に居座り続けることだった。そのための切り札が雅仁になる。

信西にとり、雅仁は虚《うつ》けなほどありがたかった。そのため信西は、雅仁の今様狂いを野放しにした。

この頃の雅仁の評価は至って悪く、崇徳帝は同母弟の雅仁など眼中になく、乳人《めのと》の信西でさえ、「和漢の間に比類無きの暗主なり」と言ってはばからなかった。

その信西がいまだ頭角を現せず、雅仁が今様に耽溺《たんでき》していた永治《えいじ》元年（一一四一）、鳥羽院は息子の崇徳帝に退位を迫り、美福門院との間に生まれた三歳の近衛帝を即位させた。

その時の条件が、近衛帝を崇徳帝の養子とし、崇徳帝に院政をさせるということだった。院政をやらせてくれるのならばということで、崇徳帝も退位に同意した。しかし譲位の儀の最中に読み上げられた一文に、近衛帝の宣命《せんみょう》が崇徳院の「皇太子」ではなく「皇太弟」となっていることに、崇徳院は愕然とした。

というのも、院政を行うことができる上皇は、天皇の直系尊属に限られており、兄ではだめだからだ。

聡明で平衡感覚に富んだ鳥羽院が、息子の崇徳院に、なぜこのような仕打ちをしたのだろう。実は鳥羽院の祖父の白河院と、崇徳院の母で鳥羽院の中宮だった待賢門院・藤原璋子《しょうし》が、かつて密通していたという噂があり、二人の間にできた不義の子が崇徳院だというのだ。

もちろん根も葉もない噂だが、鳥羽院はなぜかそれを信じた。今日では調べようのない話だが、鳥羽院は何らかの確証を摑んでいたのかもしれない。温厚で平和的な性格でも、こうした点では執念深いのが鳥羽院だ。

崇徳院から猛抗議を受けた鳥羽院は、近衛帝を崇徳院の中宮・聖子《せいし》の猶子《ゆうし》とし、崇徳院をなだめたが、それでも院政を布けないことは変わらず、崇徳院は大きな不満を抱いた。これが保元の乱への伏線となる。

この頃、藤原摂関家でも内訌が起こっていた（「藤原氏摂関家略系図」参照）。ときの関白忠通《ただみち》は、父の前関白忠実の命により弟の頼長《よりなが》を養子に迎え、関白の地位と摂関家氏長者《うじちようじや》の座を譲ることになっていた。というのも忠通は、正室腹の嫡男が夭《よう》折《せつ》し、跡継ぎがいなくなっていたからだ。

そこで父の忠実は、天治二年（一一二五）、忠通より二十三歳下の頼長を忠通の猶子とし、その跡を継がせることにした。

いったんはそれを受け入れていた忠通だったが、康治二年（一一四三）、四十七歳の時、正室との間に男子ができた。後の基実《もとざね》である。

基実に跡を継がせたくなった忠通は、自らの立場を生かし、頼長を失脚させようとする。その立場とは何かと言うと、崇徳院の中宮の聖子は忠通の娘で、鳥羽院が近衛

藤原氏摂関家略系図

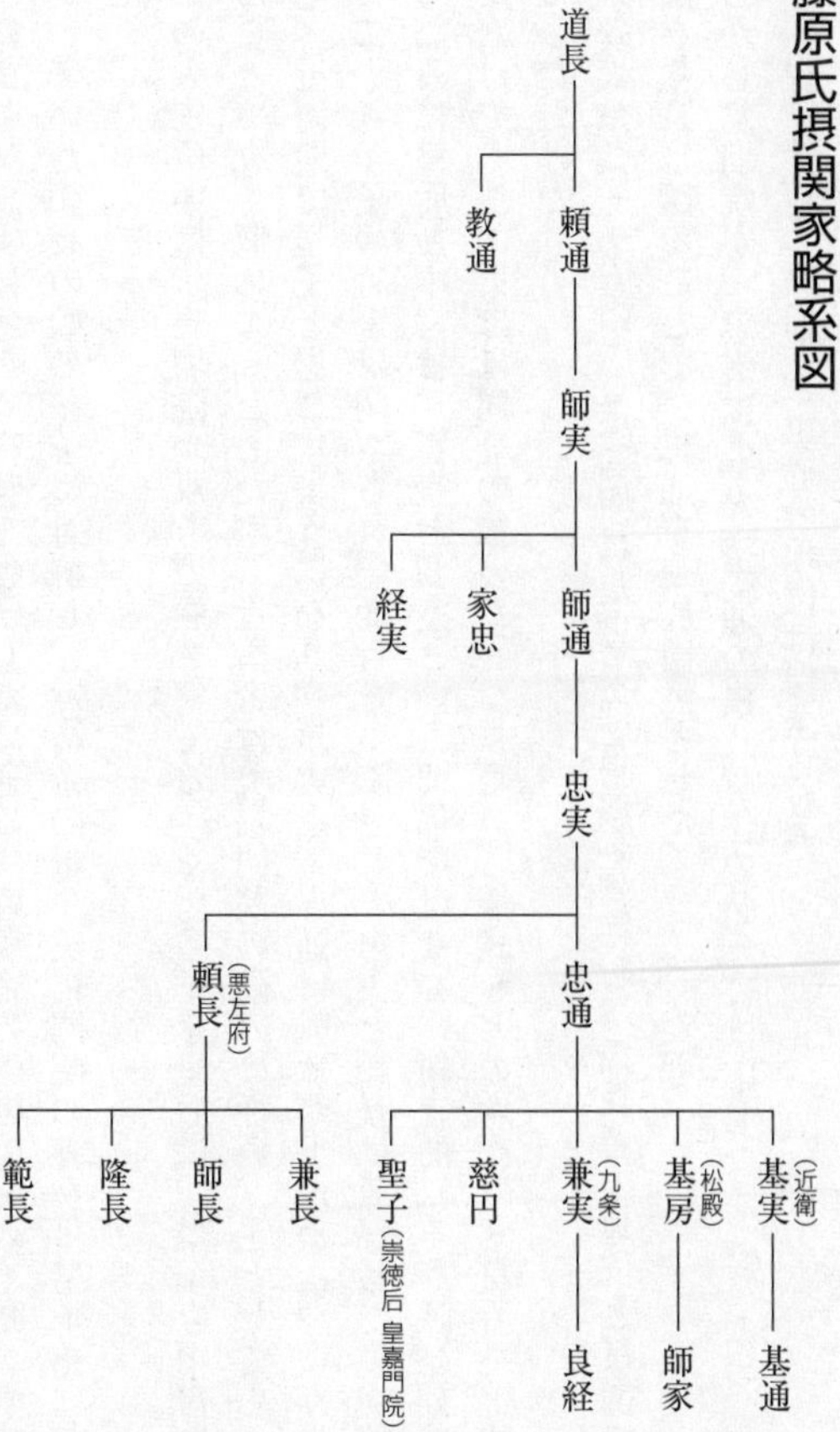
道長
頼通
教通
師実
師通
家忠
経実
忠実
忠通
頼長（悪左府）
基実（近衛）
基通
基房（松殿）
師家
兼実（九条）
良経
慈円
聖子（崇徳后 皇嘉門院）
兼長
師長
隆長
範長

帝をその猶子としたため、自動的に忠通が近衛帝の「外祖父」「養祖父」となった。これにより父忠実に劣らぬ権勢を獲得した忠通は、近衛帝の后の座をめぐり、すでに決定していた頼長の娘の多子《たし》に対抗し、近衛帝の母・美福門院の養女・呈子《ていし》を立てたのだ。

この入内《じゅだい》争いは、鳥羽院が双方の顔を立てるべく、多子を皇后に、呈子を中宮に立てることで丸く収めようとしたが、近衛帝は美福門院の勧めに従い、主として忠通の邸宅・近衛殿で呈子と過ごすようになり、事実上、忠通に凱歌が上がった。こうしたことにより多子の将来は閉ざされ、面目をつぶされた忠実と頼長は激怒した。

ちなみに皇后と中宮は、正室と側室という関係ではなく、便宜的にそう呼び分けているだけで、法的にほぼ同等の扱いだった。唯一、儀式などの席次で、皇后を上位としていただけだ。

久安六年（一一五〇）、遂に切れた忠実は忠通を義絶《ぎぜつ》し、氏長者の地位と摂関家の荘園を頼長に譲ることで、忠通を追放同然とした。

しかし鳥羽院が、忠実による「忠通の摂政解任要請」には応じなかったため（摂政から関白に転任させたが）、忠通の地位は保全された。

これに対し、忠実は頼長に内覧の宣旨を下してもらい、実質的な政治権力を握らせた。

　これにより、政治の実権が頼長に移った。

　この頼長は、『愚管抄』の著者・慈円《じえん》が「日本第一の大学生《だいがくしょう》」とたたえるほど、四書五経をはじめとする漢籍に通じ、十七歳で内大臣に任命されるほど優秀だった。しかし『今鏡』で「なにごともいみじくきびしき人」と謳われるほど厳格な性質だったらしく、律令の順守を掲げ、儒教の徳目《とくもく》を守って賞罰勲功《しょうばつくんこう》を明らかとした。

　道長の時代を理想とした頼長は、腐敗した政治の一新を目指し、規律に反した官人には容赦なく罰を下した。さらに実力主義を貫き、出自の定かならざるものでも、能力があれば立身させた。

　次第に頼長はエスカレートしていった。遂に検非違使や厩舎人《うまやのとねり》を使い、院近臣の中納言・藤原家成《いえなり》の邸宅を破壊させたのをはじめ（家成が遅刻・欠勤の常習者だったことが理由らしい）、石清水八幡宮《いわしみずはちまんぐう》や上賀茂《かみがも》神社の神域で、反体制派の悪僧《あくそう》（僧兵）を殺すなどした。

　ちなみに厩舎人とは、普段は馬の面倒を見ているが、いざとなれば私警察に変貌し、摂関家の手足となった兵のことだ。

　また、この時代によく使われる「悪」という字は、「体制に反発する」または「荒っぽい」という意味で、「悪事をなす者」というニュアンスはない。

頼長は「是非明察」「善悪無二」を貫く正義漢だったが、「水清ければ魚棲まず」の故事にある通り、四方から不平不満が噴出し、遂には悪左府《あくさふ》と呼ばれるようになる。

こうした事態に鳥羽院でさえ愛想をつかし、「うとみ思召《おぼしめ》す」(『愚管抄』)ほどになった。これに慌てた父忠実は、さかんに頼長を諫《いさ》めたが、頼長の暴走は止まらず、その孤立は深まっていった。

これに対し忠通は、失脚させられたとはいえ摂関家内のことで、公には関白の地位を保持し、備前・石見《いわみ》・伊賀の知行国主の地位もそのままだったので、財源には事欠かない。

鳥羽院近臣の信西に接近した忠通は、信西により鳥羽院を動かし、忠実・頼長父子を失脚させようとした。この時、信西は鳥羽院に「頼長は近衛帝に譲位させ、崇徳院の息子・重仁を即位させようとしている」と讒言《ざんげん》し、衰えの目立ってきた鳥羽院を慌てさせた。

これまで鳥羽院は、忠実・頼長父子を信頼し、崇徳院との関係も目立つほどは悪くはなかった。しかし近衛帝の地位を脅かそうとする者だけは許せなかった。

しかし久寿《きゅうじゅ》二年(一一五五)、近衛帝がわずか十七歳で病死してしまう。翌年に逝去する鳥羽院には、かつての独裁者の面影は一切なく、ただ近衛帝の死を悲しむだけの老人と化していた。近衛帝に皇子はなく、天皇位には、崇徳院の長男で聡明の誉れ高い重仁が就くものと思われていた。

早速、公卿や院近臣を中心に「王者議定《ぎじょう》」が開かれた。しかしこの議定には、信西の差し金により、鳥羽院の意向として、忠実・頼長父子は参加させられなかった。これで二人の足元は危うくなり、同時に重仁が帝位に就く可能性は遠のいた。

となれば候補は守仁に絞られる。ところが、そこに付け入ったのが信西だった。

この時、信西は忠通に「父の親王を差し置いて、子を帝位に就けるなど先例がない」と脅かした。つまり、自らが乳父《めのと》を務める雅仁を、まずは帝位に就けろというのだ。

忠通にも、信西のおかげで父と弟を「王者議定」から排除できたという恩がある。かくして忠通も、雅仁を「つなぎ役」として推すことに同意した。

一部に多少の反対意見はあったものの、忠通—信西—院近臣ラインは老耄《ろうもう》した鳥羽院の心をがっちりと摑み、雅仁を新天皇の座に就けた。

これが後の後白河天皇になる。

「新天皇は雅仁」という議定の結果が発表され、忠通には、あらためて摂政関白の宣旨が下された。しかし頼長に内覧の宣旨はなく、頼長の失脚が明らかとなった。

この結果には、重仁の父の崇徳院も落胆した。その崇徳院と忠実・頼長父子という負け組どうしが徒党《ととう》を組むのは、時間の問題でもあった。

鳥羽院の心を摑んだ忠通と信西ら院近臣、それに反発する崇徳院と忠実・頼長父子という対立の構造が輪郭を持って浮かび上がってきた。

第二章　清盛、表舞台へ

(1) 武士の夜明け――はじまった公家の凋落

鳥羽院の死と保元の乱前夜

久寿二年(一一五五)は大飢饉となった年で、各地で不満を抱えた武士の蜂起が相次いでいた。

幼時より豪勇の誉れ高かった源為義八男の為朝《ためとも》は、そのあまりの傍若無人《ぼうじゃくぶじん》さに呆れた父為義により九州に追放されていたが、阿蘇《あそ》氏の婿となり、鎮西《ちんぜい》惣追捕使を自称して周辺を斬り従えていた。

一方、この年八月、東国では、為義次男の帯刀先生義賢《たてわきせんじょうよしかた》と義朝長男の悪源太《あくげんた》義平《よしひら》が武州比企《ひき》郡《ぐん》の大蔵館《おおくらやかた》を舞台に激突し、義平が義賢を討ち取るという内訌まで起こっていた。そもそもこの戦いは、為義とその長男・義朝の折り合いが悪く、東国に勢力基盤を築きつつある義朝に対抗させる意味で、為義が義賢を東国に送ったことに端を発していた。これにより為義と義朝の決裂は決定的となる。

この時、義賢の次男で二歳の駒王丸《こまおうまる》は木曾谷《きそだに》に逃れ、後の木曾義仲《よしなか》となる。

保元元年（一一五六）五月、かねてから病弱だった鳥羽院は、いよいよ自らに死が迫ったことを覚り、死後を見据えた準備を始める。

鳥羽院は自らの死後に乱がおこることを想定し、北面の武士の中でも、崇徳陣営と目されていた清盛や源為義らに祭文《さいもん》（誓詞《せいし》）を書かせ、自らの代わりとなる美福門院に提出させた。また禁中《きんちゅう》警固のために義朝や源（足利《あしかが》）義康《よしやす》らを呼び寄せた。

都大路《みやこおおじ》を物々しい軍装の兵が行き交い、内裏周辺は慌ただしい雰囲気が漂っていたが、鳥羽院存命中はあくまで兵乱を抑止するための混乱という側面があった。

七月二日、鳥羽院が崩御する直前、最後の和解に赴いた崇徳院に対し、鳥羽院は面談を拒否、しかも臨終の直前、鳥羽院は「わが遺骸を崇徳に見せるべからず」と遺言し、息を引き取った。

それだけならまだしも、崇徳院と忠実・頼長父子が謀反《むほん》を起こし、皇位を奪おうとしているという噂が京中に流れたため、近隣諸国から呼び集められた検非違使たちにより、内裏周辺の警護がさらに厳重になった。

実は、こうした噂の流布は、信西が裏で糸を引いていた可能性がある。いつの時代も、情報戦を制した者が有利なのは言うまでもない。

信西は美福門院の命を受け、迅速に崇徳陣営の排除に動いていた。事態が安定してしまうと、政治的な駆け引きで崇徳陣営に後れを取る公算が大なため、鳥羽院崩御のどさくさに紛れて兵乱を起こし、一気に敵陣営を屠《ほふ》ってしまおうというのだ。

美福門院と信西にとって、崇徳院と忠実・頼長父子を疎《うと》ましく思っていた鳥羽院を、公家社会全体が追悼している今こそチャンスなのだ。

八日には、「忠実・頼長父子の誘いには乗らないように」という後白河帝の綸旨《りんじ》が諸国に送られた。同時に、忠実・頼長父子の本拠となる東三条殿に派遣された源義朝が、殿舎《でんしゃ》を占拠すると、邸内にいた宇治平等院《うじびょうどういん》の勝尊《しょうそん》という僧を捕まえ、後白河帝の死を願った祈禱《きとう》を行っていたと院庁に報告した。

かくして崇徳陣営の謀叛が明らかになったが、信西のでっちあげなのは間違いない。

九日夜、崇徳院が突如として白河北殿《しらかわきたどの》に入った。鳥羽院の死去以来、崇徳院は鳥羽の田中殿《たなかどの》という館に引き籠もっており、この突然の行動は、崇徳院が追い込まれたことを意味していた。

白河北殿で忠実と語らった崇徳院は、遂に挙兵を決意し、ひそかに兵を募った。

ところが忠実はこんなに早く挙兵になるとは思っておらず、この時、肝心《かんじん》の頼長も宇治の自邸にいた。

結局、急な召集に応じて白河北殿に集まったのは、前参議の藤原教長《のりなが》と下級公家数人だけで、軍事力も、源為義、頼賢《よりかた》（為義四男）、為朝、平忠正《ただまさ》・長盛《ながもり》父子、多田源氏の源頼憲《よりのり》といったところで、摂関家家人と摂関家領の荘官、つまり摂関家の私兵ばかりだった。

忠実は宇治の頼長に使者を送り、こちらに来るよう伝えた。頼長が来たのは翌十日の「晩頭《ばんとう》」というから、午後六時から七時頃のことだ。挙兵を聞いた頼長は、大和国などの勢力圏に召集令を出していたため遅くなったらしい。

一方、これを聞きつけ高松殿《たかまつどの》に集まった後白河陣営の軍勢は、すでに禁中警護に就いていた義朝や足利義康に加え、伊勢平氏嫡流の清盛、源三位《げんざんみ》頼政《よりまさ》、満政《みつまさ》流源氏の源重成《しげなり》、文徳源氏の源季実《すえざね》、伊勢平氏庶流の平信兼らだった。その軍勢は「雲霞《うんか》の如し」（『兵範記《へいはんき》』）という有様で、崇徳陣営を圧倒した。

彼らは国家権力による公的動員によって参集した者が大半で、政治的にはニュートラルな立場の者がほとんどだった。

この中に頼盛の姿もあった。清盛の異母弟の頼盛は、その母・池禅尼が崇徳院の息子・重仁の乳母という関係から清盛と共に崇徳陣営に回ると見られていたが、池禅尼の指示により後白河陣営に参じたという。

ここまで傍観者のような態度で権力闘争と距離を置いていた清盛も、ここにきてようやく登場する。ただしこれまでの崇徳院との関係から、さほど戦意が高かったとは思えない。

ちなみに双方の陣所となった白河北殿と高松殿についてだが、当時は、洛中洛外に天皇や院の外戚《がいせき》の邸宅（里内裏）が散在しており、それが、白河北殿、高松殿、土御門《つちみかど》殿、東三条殿、三条南殿などと呼ばれていた。白河北殿は、賀茂川を隔てた洛外東方にあり、洛中にある高松殿とは、半里ほどの距離があった。

保元の乱勃発

後白河陣営から挑発され、致し方なく立った形の崇徳陣営に勝算はなかった。正確なところは分からないが、軍勢の差も相当あったように思える。

「一君万民思想」の浸透していた当時にあって、たとえ上皇とはいえ天皇の臣下にすぎず、国家権力を使い、検非違使や諸国の武士を召集できる後白河陣営との差は歴然だった。

それでも崇徳陣営に身を投じた武士たちがいたことは、崇徳院と重仁父子が摂関家とそれを支持する人々の輿望《よぼう》を担っていた証左だろう。賊軍とされて没落の公算が大にもかかわらず、彼らは摂関家の恩に報いようとしたのだ。

畿内各地に散在する摂関家の荘園管理にあたっていた武士団も、崇徳陣営に駆けつけた。彼らは摂関家の私兵に等しい存在で、「一蓮托生《いちれんたくしょう》」の覚悟ができていたのかもしれない。

ここから分かるのは、御恩と奉公の関係は武士社会特有のものではなく、公家社会でも萌芽《ほうが》が見られていたことだ。またそれは、摂関家を中心として利害の一致する在地武士勢力や興福寺の悪僧を含めた大きな政治勢力となりつつあった。学術用語で、これは「複合権門」と呼ばれる。

十日夜、高松殿に集まった後白河陣営の武士の中でも、一際目立っていたのが伊勢平氏一門だ。清盛の率いてきた兵力は、『兵範記』によると、河内源氏の二百を凌ぐ三百とされる。

午後九時頃、後白河帝の「朝餉《あさがれい》」に陪席《ばいせき》を許された清盛と義朝は、そろって作戦を奏上《そうじょう》し、後白河帝から開戦の勅諚《ちょくじょう》を賜った。

ちなみに「朝餉」とは、朝食のことではなく朝夕二回あった天皇の食事のことだ。この席で、合戦の総指揮を任されたのは義朝だった。義朝は正室（頼朝の母）の実家の熱田宮司《あつたぐうじ》家が待賢門院に近侍《きんじ》していた関係から、その皇子の後白河帝の覚えがめでたく、この合戦の指揮を執らせてもらうことになった。

度重なる内訌により自滅気味だった源氏の勢力を挽回する機会を得て、義朝は勇躍していたに違いない。しかも戦力的に負けるはずがなく、官軍なので配下の者たちの戦意も高い。

だが義朝は、父為義や二人の弟が崇徳陣営に身を投じたことで表裏を疑われる立場にあり、ここは何としても自らの手で敵を屠らねばならなかった。その点、叔父の忠正一族が敵方に付いただけの清盛とは立場が違う。

結局、義朝の献言《けんげん》が信西に入れられ、策は夜討ちとなった。この時、清盛がいかなる策を提案したか、また戦意がどれほどだったかを伝える史料はない。

「鶏鳴《けいめい》」を聞く頃(午前二時頃)、高松殿を出た後白河軍は、中央の大炊御門大路《おおいのごもんおおじ》を進む義朝勢二百、その南の二条大路を進む清盛勢三百、そして北の近衛大路を進む足利義康勢百の三手に分かれ、白河北殿を目指した。

義朝は日の丸の描かれた紅《くれない》の軍扇を打ち振りながら、官軍として出撃できたことに上機嫌だったという。そこには父を討つ後ろめたさや、戦後の政治動向を見据えた醒めた視線はない。

一方、最多の動員となった清盛勢には、南方から馳せつけようとしている大和国の摂関家家人・檜垣《ひがき》太郎こと源頼盛や、摂関家派悪僧の信実《しんじつ》や尋範《じんぱん》率いる南都興福寺の大衆《だいしゅ》（衆徒《しゅと》や堂衆のこと）に対する抑えの役割も課されていた。

崇徳院や摂関家を討つことの重大性を知る清盛は、官軍とはいえ「図らずも」という形で参戦し、戦後、崇徳院・摂関家同情派からも後ろ指を指されないようにしていたのではないだろうか。これは『愚管抄』の著者慈円から、「あなたこなたしける」人物、すなわち敵を作らず調整役に徹せられる人物と評される清盛としては、当然のことだったかもしれない。

ちなみに第三の男・足利義康はこの翌年に三十一歳で病死するため、中央政界での立身が叶わず、鎌倉幕府開府後も、子孫たちは頼朝に付き従うだけの存在となる。しかしその血脈に連なる者たちが、後々室町幕府を開くことになるのは周知の通りだ。

また義朝らが後白河帝の開戦勅諚を賜ってから五時間が経過しているが、この間、開戦か降伏を促すかで、せめぎ合いが続いていた。関白忠通はいざ崇徳院と父親を滅ぼす段になり恐ろしくなったのか、降伏を促すことを主張し、独自のルートで頼長と連絡を取っていたらしい。ところがその調整が進まないうちに、開戦を強く主張する信西に押し切られた形になり、なし崩し的に開戦に同意したようだ。これにより、後白河帝を前にした際の忠通と信西の力関係は逆転した。

一方、崇徳陣営が後白河陣営を唯一押し返せる可能性があるとしたら、大和の摂関家家人や南都大衆が大挙して押し寄せること以外になかったが、あまりの急激な状況の変化についていけず、彼らは上洛に間に合わなかった。その点、義朝の提案した夜討ち策は的を射ていたと言えよう。

ちなみに夜討ちと言えば、戦国期の合戦などでは選択肢の一つとして誰しも考えることだ。ところがこの時代、夜討ちは卑怯かつ残忍な戦法として、後の鎌倉幕府の掟でも禁止されているほどだった。

『保元物語』によると、この時、崇徳陣営の為朝が夜討ちを献策するが、南都からの援兵を待つと言い張る頼長に却下されるという一幕があった。形式や論理を重視する頼長と、切所《せっしょ》(勝負所)を知る信西の違いがそこにあった。

午前四時頃、「合戦すでに雌雄《しゆう》に及ぶ」、つまり開戦となった。

ところが、正面攻撃を担った義朝勢が意外な苦戦をする。義朝第一の郎党・鎌田正《かまたまさ》清《きよ》が先手《さきて》となって鴨川を渡ろうとすると、為義の四男・頼賢がこれを撃退する。それでも正清は渡河を強行しようとしたため、鴨川河畔で激闘が展開された。

義朝勢の苦戦を横目で見つつ、先に渡河に成功した清盛勢は、義朝勢に先んじて白河北殿の大手に当たる南門(大炊門)に攻め掛かった。しかし為朝の強弓《こわゆみ》により、先頭を進んでいた伊賀や伊勢の郎従が相次いで射殺されたため、清盛はいったん兵を引

保元の乱　主要人物去就一覧　※(　)内の数字は年齢

皇族		後白河天皇(30)
摂関家		藤原忠通(60)
公家		信西(藤原通憲)
		藤原公教
		その他 ほとんどの貴族
武士	平氏	平清盛
		平頼盛
		平信兼(伊勢平氏庶流)
		平維繁(　〃　)
	源氏	源義朝
		源重成(満政流)
		源(足利)義康
		源頼政

皇族		崇徳上皇(38)
摂関家		藤原忠実(79)
		藤原頼長(37)
公家		藤原教長
		源成雅
		藤原成隆
		源俊通
武士	平氏	平忠正(忠盛の弟)
		平長盛(忠正嫡男)
		平家弘(伊勢平氏庶流)
	源氏	源為義
		源頼賢
		源為朝
		源頼憲(多田源氏)

いた。『保元物語』では「ほうほうの体で退散した」ことになっている。

続いて、ようやく渡河した義朝勢が勇躍して南門に攻め掛かった。しかし為朝勢の前に、五十人もの負傷者を出して撤退した。

これを聞いた信西は、慌てて源頼政、同重成、平信兼などの予備戦力を投入したので、まさに全軍惣懸《そうがか》りとなった。

辰《たつ》の刻（午前八時頃）、最後の手段として義朝が白河北殿に放火したため、陣所を失った崇徳陣営は一気に瓦解潰走《かいそう》した。

四時から八時までという、この時代にしては長時間の戦いだった。

保元の乱の戦後処理

白河北殿を脱出した人々は、それぞれの縁故《えんこ》を頼り、様々な場所に落ちていった。崇徳院は為義らと共に東山の如意山《にょいやま》に登り、そこで出家を遂げて為義らと決別した。この時点で武士たちと別れて出家したことで、崇徳院は完全に抵抗の意思をなくしていたと思われる。

その後、同母弟の入道覚性《かくしょう》親王を頼って仁和寺《にんなじ》に身を寄せた崇徳院だったが、覚性親王に保護を拒否されたため、その場で捕えられた。その十日後、崇徳院は讃岐《さぬき》国に配流される。太上《だいじょう》天皇（元天皇）の配流は、淳仁《じゅんにん》帝の淡路《あわじ》配流以来、実に四百年ぶりとなった。

当時の皇族や公家にとって、平安京は「穢《けが》れ」から守られた清浄《せいじょう》な地だった。平安京から離れれば離れるだけ「化外《けがい》の地」に近づき、「穢れ」の危険性が高まると、彼らは本気で信じていた。それゆえ国司でさえ、「遥任」により現地に赴かなかった。皇族が平安京を離れるということは、「穢れ」を身にまとうことにつながり、この場合、たとえ後白河帝と守仁が死去しても、「穢れ」をまとった者として、崇徳院が帝位に返り咲くことはあり得ない。それゆえ当時の皇族の配流は、政治生命を断つだけでなく、帝位ないしは「治天の君」に就く可能性をも否定される重罪だった。

また、乱と直接のかかわりはなかったものの、崇徳の長男・重仁親王は出家させられ、七年後、二十三歳の若さでひっそりとこの世を去る。

重仁が没した二年後の長寛《ちょうかん》二年（一一六四）、崇徳院は配流先で病死した。重仁の死を聞き、すべての望みが絶たれた末の悶死だろうか。太上天皇の尊号《そんごう》が剝奪《はくだつ》されなかったことだけが、唯一の救いだった。

能力も人望もはるかに劣る同腹弟の後白河院に敗れ、唯一の息子に先立たれ、崇徳院は、どのような思いで残る日々を過ごしたのだろうか。

一方、興福寺に逃れた忠実はいったん匿われるが、結局、投降した。忠実は七十九という高齢だったため流罪とはならず、洛北《らくほく》の知足院《ちそくいん》に幽閉《ゆうへい》されて六年後に死去する。八十五年の波乱に満ちた生涯だった。

合戦の最中に頭部に矢傷を負った頼長は、嵐山に潜伏した後、桂川を下って木津《きづ》まで逃れた。十三日、頼長は興福寺にいる忠実に面会を申し入れるが、これを拒否され、十四日に死去した。悪左府と恐れられた希代の秀才も、最後には父にさえ見放され、三十七歳でこの世を去る。

頼長の負傷は不運としか言いようがないが、流れ矢が当たるほどの最前線に出て、陣頭指揮を執っていたことの証でもある。南北朝時代に至れば、公家の戦死は珍しいものではなくなるが、この時代、高位の公家でここまで奮戦した者はいない。

この時、忠実が頼長との面談を拒否したのは、最後に頼長を見捨て、自分だけ助かろうとしたと言われるが、そこには保身以上に冷静な判断があった。すなわち摂関家の家長として、摂関家領の没官《もっかん》など最悪の事態だけは避けねばならず、窮余の策として荘園目録を忠通に渡す判断をしたのだ。老いたりとはいえ、忠実は摂関家の氏長者としての責任を忘れてはいなかった。

だが摂関家の氏長者の任免権《にんめんけん》や摂関家領の処分に関する権限を、どさくさにまぎれて信西が天皇の名の下に行ったため、独自の経済基盤と、それを支える武力を擁した摂関家の自立性は、ここに消失することになる。

勝利者の側にありながら、何もかも信西の後手に回る忠通の不手際を見れば、父の忠実が頼長に後継の座を譲ろうとした理由も分かろうというものだ。

そのほかの者たちも、そろって投降した。

忠実・頼長父子と近い関係にあった興福寺の悪僧たちは、所領を取り上げられた程度で済んだが、共犯者で最高位の正三位前参議の教長は、頼長の男子四人（兼長《かねなが》、師《もろ》長《なが》、隆長《たかなが》、範長《のりなが》）と共に流罪となった。教長は応保二年（一一六二）に帰洛《きらく》を許されたが、権中納言・右大将まで上り詰めていた頼長の長男・兼長は、二年後に配流先の出雲《いずも》で二十一歳の生涯を閉じる。三男の隆長は伊豆に流され、こちらもすぐに世を去ったという。

次男で権中納言・左中将の師長のみ、土佐《とさ》で九年の歳月を過ごした後、帰洛を果たした。この師長は、頼長の祟《たた》りを過度に恐れる後白河院により、後に太政大臣にまで昇進させられるが、治承三年の政変で尾張に流された後、子らと共に出家して自らの血脈を断つ。これにより、悪左府頼長の血は後世に伝えられなかった。

この時、武士の身分で崇徳陣営に身を投じた者二十名に対し、信西は断固たる態度で臨んだ。律令の規定を厳格に適用することを唱えた信西は、摂関家の武力の解体を目指し、崇徳陣営に加担した主立つ武士すべてに死罪を適用した。これは薬子《くすこ》の変において藤原仲成《なかなり》が死罪となって以来、実に三百五十年ぶりの死罪の復活でもあった（仲成も厳密には死罪ではない）。

公的権力により死罪が適用されたことは、武士たちの「自力救済」の思想を、公家社会も是認《ぜにん》したことになり、武士の時代と呼ばれる中世が始まった契機とされる。

二十八日、清盛が忠正とその子息四人を六波羅で斬首《ざんしゅ》に処すと、三十日には、足利義康が平家弘一族の処刑を大江山で行い、同日、義朝が父為義と五人の弟の死刑を船岡山で執行した。

武者《むさ》の世の到来

保元の乱の論功行賞は、清盛が正四位下・播磨守に任じられたことをはじめ、平家一門はそろって過分の恩賞を得た。ちなみに播磨は、伊予《いよ》と並び最も権威が高く実入りも多い知行国なので、この国を知行することは、公卿昇進が秒読みになったことを意味した。

結局、平家の知行国は、清盛の播磨、経盛の安芸、頼盛の常陸に、教盛の淡路と四カ国になった。

一方、義朝は乱直前に従五位下・下野守、乱後に右馬権頭《うめのごんのかみ》に叙され、昇殿を許された。ところが義朝は大いに不満で、さかんに文句を言ったため、左馬頭《さめのかみ》に任じられた。

足利義康も六位・蔵人に叙され（すぐに従五位下へ）、昇殿を許されただけだった。

この不満が平治の乱への伏線になるというのが通説だが、そもそも開戦前に地位の低かった源氏が、平家と同等の恩賞に与れるわけがなく、これで十分とすべきだろう。しかも、左馬頭は院近臣の有力者にしか下されない官位で、宮中の軍馬統括という武門として最高位の職にあたる。

信西としては、「できる限りのことはしてやった」という思いが強かったはずだが、義朝はこの破格の待遇にも不満だったようだ。

いずれにせよ鳥羽院の死去により勃発した院近臣と摂関家の対立は、武力抗争「保元の乱」にまで発展し、敗れた摂関家の「複合権門」勢力は解体された。

白河・鳥羽両院時代を通して続いてきた院近臣と摂関家の併存《へいぞん》的政治体制は終焉を迎え、院近臣の最大勢力となった信西の独裁が確立する。

この戦いの歴史的意義は、皇位の行方《ゆくえ》や公家の政治生命が、天皇の権威でも、政治的駆け引きでもなく、武力によって決定されたことにある。これは平安時代初頭の平城上皇と嵯峨帝の確執以来のことで（薬子の変）、武士という新たな階級の論理が朝廷に入り込んできたことで、公家権力はやがて無力化されていく。

また摂関家の保有していた武力が解体され、武力が武士だけのものとなった点も重要だ。武力を失った摂関家は政治力だけを恃みとするようになり、やがて衰退していく。一方、武士は武力を盾に、政治の中枢へと乗り出していく。

慈円は『愚管抄』でこう書いている。

「鳥羽院失《う》せさせ給ひて後、日本国の乱逆《らんぎやく》と云ふ事は起りて、のち、武者《むさ》の世になりにけるなり」

すなわち「鳥羽院の死後、日本国に乱逆（武力闘争を伴う謀叛）が起こり、武士の時代が始まった」ということだ。

『愚管抄』は同時進行の日記と異なり、慈円が過去を振り返り、巨視的観点から書いた史論書になる。その中で「保元の乱を契機として武士の時代が始まった」と記している理由は、この戦いが、武士どうしが主力となって戦ったこと、王城の地で衝突があったこと、死罪が復活したことの三点からと言われている。

かくして清盛が登場する舞台装置が整ってきた。

(2) 盛者の礎――着々と足場を固める清盛一門

清盛の息子たち

清盛には、重盛、基盛《もともり》、宗盛、知盛《とももり》、重衡《しげひら》ら七人から八人の男子に、建礼門院徳子《とくこ》、盛子《もりこ》ら八人の娘がいたとされる。

重盛は清盛の長男として保延四年（一一三八）に生まれた。父の清盛は二十歳、祖父の忠盛は四十三歳という壮年で、これから平家の全盛時代が始まろうとしている時の誕生となった。

母は高階基章《たかしなのもとあき》の娘で、さほど身分は高くなかったが、早い時期に後継と決められた重盛は、十三歳で六位・蔵人となったのを皮切りに昇進を重ねていく。重盛は、六波羅の南東端に小松第《こまつだい》という豪邸を構えていたことから小松内府と呼ばれた。

ちなみに平家の本拠となった六波羅は、鴨川の東に位置し、北は五条の末（東端）から、南は六条大路の末に至る南北五百メートル、東西は鴨川から東に百メートルほど入った辺りから、鳥辺野《とりべの》との境にあたる車大路まで六百メートルに及ぶ地域を指す。『平家物語』によると、この地域に平家一門とその郎従の家々が「屋数三千二百余字」もあったという。六波羅一帯は外壁に囲繞《いにょう》されていたらしく、「惣門」と「南門」の名が記録に残る。

このような集住の仕方は平家以外になく、こうした視覚効果が、内部には一門意識を高めさせ、結束を強めたのと同時に、外部から見れば、平家一門の区分けを鮮明に浮き立たせ、ひいてはそれが、後に族滅という最悪の事態を迎えさせたのではないだろうか。

重盛は十四歳で従五位下となり、官職も中務少輔《なかつかさのしょうゆう》、左衛門佐《さえもんのすけ》、遠江守《とおとうみ》、伊予守を歴任、長寛元年（一一六三）、二十六歳の折に従三位となった。二十八歳の時には参議となり、嫡流として順調な出頭を遂げる。

仁安二年（一一六七）二月、重盛は清盛の太政大臣就任と同時に権大納言となる。またこの後、東山《とうさん》・東海・山陽・南海四道の賊徒追討権を譲り渡され、国家の軍事・警察権を掌握した。

その後、脚気《かっけ》がひどくなり、辞任と再任を繰り返すが、安元三年（一一七七）に内大臣・左大将となったのを最後に隠退《いんたい》同然となり、治承三年（一一七九）に四十二歳で死去する。死因は脚気を原因にするものと考えられる。

『平家物語』では、「器量大にして文武に秀でる」名将として描かれるが、若い頃は清盛に追随《ついずい》するだけで、晩年は後白河院と清盛との板挟みで投げやりになるなど、史実からうかがえるその人格は厭世的《えんせいてき》なだけで、さほどの大人物には思えない。

次男の基盛は保延五年（一一三九）の生まれなので、重盛とは一つ違いになる。母も同じなので年子ということになる。兄と歩を一にして保元・平治の頃まで活躍するが、際立った働きを見せることもなく二十四歳で早世した。その唯一の子の行盛《ゆきもり》は重盛の庇護の下で成長し、壇ノ浦で堂々の最期を遂げる。

三男の宗盛は久安三年（一一四七）の生まれで、母は堂上平氏出身の時子になる。

同腹弟妹に建礼門院徳子、知盛、重衡がいる。嫡室所生の第一子ということで官位昇進は早く、保元二年（一一五七）に従五位下に叙されたのを皮切りに、清盛が太政大臣になった仁安二年（一一六七）には、二十一歳で参議に就任した。

その後も右大将、権大納言など順調に出世を遂げ、重盛が死んだ治承三年（一一七九）には平家の氏長者の座を継承、内乱が始まった治承五年（一一八一）には畿内九カ国の惣官職に就き、清盛死後の寿永元年（一一八二）には内大臣にまで上り詰めた。

しかし、その政治・軍事手腕は贔屓目《ひいきめ》に見ても優れていたとは言い難く、とくに清盛死去後は、判断がことごとく裏目に出て、平家の凋落《ちょうらく》を早めることになった。壇ノ浦では入水するも死にきれず、四人の子と共に鎌倉まで護送された末に斬られている。

四男の知盛は仁平二年（一一五二）の生まれで、宗盛の同母弟にあたる。昇進の足取りは省略するが、右兵衛督、左兵衛督など武官中心の官職を歴任し、寿永元年には従二位権中納言に就いている。

知盛は「入道相国《しょうこく》（清盛）最愛の息子」と言われ、軍事的才能にも恵まれていた。以仁王の挙兵、近江源氏・山本義経《よしつね》の叛乱を鎮定した手腕は評価されるが、衰勢《すいせい》を盛り返すには至らず、壇ノ浦で最期を遂げる。都落ち後、知盛は四人の息子のうち三人までを失うが、次男の中納言禅師《ぜんし》・増盛《ますもり》だけは仏門に入ることで、頼朝に助命されている。

五男の重衡は保元二年（一一五七）に生まれた。昇進の足取りは省略するが、宗盛と知盛の同母弟ということもあり、知盛同様に順調な昇進を遂げた。重衡は武勇に秀でた一廉《ひとかど》の武将だったようだが、ユーモアを好み、和歌をたしなむ穏やかな一面もあり、公家社会で人気があった。とくに天皇や後宮《こうきゅう》と密に行き来し、四歳年下の高倉帝とは個人的にも親しかった。高倉帝没後は、小松家（重盛家）の維盛と共に蔵人頭《くろうどのとう》を務めるなどして安徳帝に近侍した。

清盛は将来的に、安徳帝―本宗家《ほんそうけ》（重衡）―小松家（維盛）という対公家外交体制を構想していたのではないかとされるが、これは本宗家の氏長者・宗盛と小松家の氏長者・清経《きよつね》という従来の武門平家の系統とは異なる、新たなる公家平家の系統の創出を目論んでいたのではないかと推察されている。つまり朝廷と武門平家との利害調整役を、清盛は重衡と維盛に託すつもりだったのだろう。

重衡がその名を高めたのは、以仁王の挙兵に際し、これに与同《よどう》した興福寺と東大寺を焼き打ちし、大仏殿を焼亡せしめたことだ。一説に失火とも言われるが、その穏やかな人格からすれば、あながちそれも虚説《きょせつ》とは言い切れない。

都落ち後は一ノ谷の合戦で捕えられ、鎌倉に護送されるが、頼朝と政子から気に入られ、政子の侍女・千手《せんじゅ》を与えられるなどして歓待され、一年余を鎌倉で過ごす。しかし、重衡に恨みを持つ興福寺と東大寺大衆の要求に頼朝が屈し、彼らに引き渡されて処刑された。

信西の独裁

保元の乱において、謹厳実直《きんげんじっちょく》な頼長が無念の死を遂げ、権力の権化となった信西が独裁者となって私腹を肥やすという図式ならば、どれだけ歴史も分かりやすいことか。ところが信西は乱後、白河・鳥羽と続いた院政期の退廃した政治体制の一新を図った。それが、荘園整理令、神人《じにん》（武装した下級神職）・悪僧統制令、神社・寺院の所領用途注進令（所領と神事・仏事を正確に申告させる法）などだ。

信西は、こうした荘園の整理や神人・悪僧の駆逐を図る一方、内裏（大内）の造営にも取り組んでいる。この時、各地の知行国主が造営費用を負担しており、仁寿殿《じじゅでん》、貞観殿《じょうがんでん》、淑景舎《しげいしゃ》、陰明門《おんみょうもん》などを平家一門が請け負った。その負担は突出しており、わずかに北廊《ほくろう》を造営したにすぎない義朝との差は歴然だった。

こうした一連の改革には、「大方信西が子どもは（中略）みなみなほどによき者にてありける」と『愚管抄』で慈円に称賛された信西の息子たち、俊憲《としのり》、貞憲《さだのり》、是憲《これのり》が活躍した。実務機構の中枢の官職を任された三人の息子は、それぞれ刻苦勉励して仕事に習熟していった。またその下の成憲《しげのり》、脩範《ながのり》という二人の息子は、美濃や遠江といった「熟国」の知行国主となり、信西の財源を確保した。

院近臣には、弁官《べんかん》（官庁の監督官）や蔵人頭などの官職に就いて位階の上昇を目指す実務官人系の家柄と、大国の国司を歴任して院近臣の最高位・大納言を目指す家柄があり、この頃には、それが明確に分かれていた。信西は息子たちを双方の家柄に分け、子々孫々まで院近臣勢力の中核に居座らせようとしたのだ。

保元三年（一一五八）四月、賀茂祭の日、桟敷《さじき》で祭りを見物する忠通に対し、院近臣の権中納言・藤原信頼《のぶより》が、その前を挨拶もなく通り過ぎるという無礼を働き、それを咎《とが》めた忠通の従者が信頼の車を破壊した。これを逆に訴えられた忠通は、後白河帝により閉門に処される。以後、忠通は急速に求心力を失い、やがて政治の表舞台から消えていく。実はこの時、諍いの相手となった信頼は、この頃の後白河帝の寵愛を一身に集めており、忠通にとって相手が悪かったのだ。打ち壊しは忠通の命令によると考えられるが、こうした先見性のなさも忠通の特徴になる。

一方、摂関家や権門寺院などから多くの既得権益が剝奪され、信西の改革は軌道に乗り始めた。ここまで改革が迅速に進んだのは、信西の背後に平家の武力があったからだ。

清盛は、単独ではいまだ政局を左右する存在と成り得ていなかったが、その武力が、改革を推し進める信西の後ろ盾になっていたため、次第に影響力を持ち始める。

二人の連携は、信西の子の成憲と清盛の娘・盛子が婚約することで、さらに強固となっていった。

保元三年には、播磨守の地位を娘婿の成憲に譲った清盛は、大宰大弐《だざいのだいに》の座に就いている。大弐は次官ではあるが、長官の権帥《ごんのそち》と同時に存在しないので、事実上の大宰府のトップ就任となった。忠盛の時代、その地位には手が届かず、迂遠《うえん》な方策を取り、日宋貿易を始めた日々は過去のものだった。

これに対し、義朝の居場所はなくなっていった。すでに源氏は、その経済力と政治力において平家のライバルとはなり得ず、このままでいけば、かつての秀郷流藤原氏のように、地方に散って命脈を保つほか術はなかった。

しかし、義朝はそうしなかった。彼には、いまだ中央政界で主導権を握りたいという野望があったからだ。その唯一の伝手が熱田大宮司家で、その伝手によって、信西に出頭を阻まれて恨みを抱く院近臣・藤原信頼との結び付きが生まれる。

かくして信西と清盛の死角で、徐々に抵抗勢力が形成されつつあった。

平治の乱前夜

信西は、わが世の春を謳歌《おうか》していた。抵抗勢力はすべて排除し、自らに盾《たて》突く者はいなくなった。院近臣もすべて自らの与党で固め、最強武士団の平家とも婚姻関係によって絆《きずな》を強めている。おそらく信西は、義朝でさえも、破格の待遇に満足していると思っていたに違いない。

ところが信西の鉄壁の権力構造は、意外なところからほころびを見せる。かつてその美貌を謳われ、鳥羽院晩年の寵愛を一身に受け、自らの息子の近衛帝を即位させた美福門院が、落飾《らくしょく》したとはいえ、この頃いまだ健在だった。

保元の乱の二年後の保元三年（一一五八）、美福門院が自らの養子となっていた守仁を天皇位に就けろと、信西に詰め寄ったのだ。

このあたりの人間関係は複雑だが、実子の近衛帝を失った美福門院は、実子ではない守仁を溺愛し、自らの目が黒いうちに即位させようとしていたらしい。

われわれの常識からすれば、「守仁の父の後白河が天皇なのだから、血縁関係にない人間が横からでしゃばることもあるまい」と思うのだが、後白河帝は頼りにならず、信西の意向一つで帝位に誰が就くか分からない状況では、鳥羽院の遺志を振りかざし、美福門院が乗り出してくるのも分からない話ではない。

信西としては、できればもう少しの間、意のままに動く後白河を帝位に就けておきたかったに違いない。しかし信西と美福門院の間には、保元の乱前夜に密約があったらしく、信西の方が折れ、同年八月に十六歳の守仁が二条帝として即位する。

かくして曲がりなりにも、後白河院政が始まった。

この件について忠通は一切の相談に与らなかったらしく、決定後に通達されただけだった。天皇の譲位が関白抜きで決められるのは異例で、忠通の求心力の低下がうかがえる。三年前の後白河帝の即位は忠通が中心となって進めたことを思うと、隔世の感がある。

これに対し、忠通が何か言った形跡はない。ただ二条帝が践祚《せんそ》するのと時を同じくして、関白の座を十六歳の基実に譲っただけだ。

保元の乱は、摂関家の内訌に事寄せた院近臣による摂関家の追い落としという背景があり、勝者側の忠通も結局、敗者に近い立場に追いやられたのだ。

この件に関して、清盛は一切かかわっていないようだ。というのも清盛は、同月に大宰大弐に就任し、さらに大和国を新たに知行国とすることになり、多忙を極めていたからだ。

ちなみに知行国制では、知行国主の任期は四年で、重任は一回限り有効で、最長八年まで同一国の知行国主として君臨することができた。だがそれ以上は認められないので、後世から見れば、割合と頻繁に任国が変わっているように見える。それが私有地（財産）の荘園とは異なる点になる。

大和国は大社大寺《たいしゃだいじ》の荘園が錯綜しており、境目《さかいめ》争いが絶えず、強大な軍事力を持つ清盛以外に支配できないという事情もあった。

さて、話は後白河院に戻る。

いかに傀儡《かいらい》の中継ぎ天皇だったとはいえ、後白河院とて感情はある。自らの意向を無視して退位させられ、院政も形ばかりとなれば不満も生じる。しかも三十二歳ともなれば、今様にうつつを抜かす年齢を過ぎ、そろそろ人並みの野心も芽生えてくる。とくに院は、この頃から政治的才能を発揮し始めるので、おそらく晩成型だったのではあるまいか。かの信長でさえ、若い頃は「大うつけ」と呼ばれていたことを思い出してほしい。

この頃から院が頼りとしたのは、忠通失脚の直接原因を作った藤原信頼だ。

信頼は、鳥羽院の院近臣として名高い藤原忠隆《ただたか》の三男として長承二年（一一三三）に生まれた。父も祖父も散位《さんに》（位階だけで官職のないこと）ながら公卿で、信西よりもはるかに家格は上になる。父忠隆の室は崇徳院の乳母、信頼の妹は後白河院の乳母を務め、院近臣の中でもエリート中のエリートの上、保元の乱前後より後白河院の側近くに侍り、その寵愛を受けて異例の出頭を遂げていた。

保元二年（一一五七）三月から一年の間に、従四位下から正四位上へと位階が三階級特進するのも異例なら、官職は右近衛中将《うこんえのちゅうじょう》、左中将、蔵人頭から参議にまで昇った。その後も出頭を続け、参議叙任後わずか半年で正三位権中納言に就任する。二十六歳という年齢からしても異例中の異例だ。

『愚管抄』には、「あさましきほどに御寵《おんちょう》ありける」とあり、院と信頼が男色関係にあったことを示唆《しさ》している。『平治物語』では、信頼は単に院の寵愛により出世したとし、「文にもあらず、武にもあらず、能もなく、また芸もなし。ただ朝恩にのみほこりて」ということになっている。

こうした話は、権力者の寵を得て異例の出頭を遂げた者には付き物なので、話半分で聞いておくべきだが、曲がりなりにも人事権を持つ後白河院が、信西の対抗馬として、有能な信頼を引き立てようとしていたことは考えられる。また、こうした異例の出頭を信西が黙過《もっか》していたとは思えず、信西も信頼を評価していたという説にもうなずける。

このあたりの関係は微妙だが、あくまで最高権力者は後白河院で、院が信西でも信頼でも、どうにでも好きなように引き立てればよいと思うのは、現代に生きるわれわれの感覚になる。

とくに信西は出家者の上に名門の出ではなく、武力を持たない前少納言にすぎない。院、摂関、公卿らがそろって言うことを聞かなければ、おのずと権力者の座から滑り落ちるはずだ。ところが、そうはいかない事情があった。この時期の公家社会には、「鳥羽院の御遺志を遵守《じゅんしゅ》する」という暗黙の了解があり、それが二条を早期に帝位に就けたのは前述のごとくだが、それだけではなく、保元の乱の混乱を目の当《ま》たりにした公家社会には、秩序を取り戻そうという機運が高まっており、皆の心を一つに束ねられるのが「鳥羽院の御遺志」だったのだ。

そうした雰囲気の中、鳥羽院側近だった信西は、「鳥羽院の御遺志」を代弁する存在で、鳥羽院から後事を託されたことになっていた。いわば神託《しんたく》を下す巫女《みこ》のような役割だ。

しかも信西は後白河院の乳父《めのと》であり、また保元の乱を勝利に導いた最大の功労者でもある。そうした功労者をないがしろにはできないのは現代と同じで、さらに信西は、武士として独走態勢に入りつつある清盛とも縁戚関係を結んでいる。

こうした幾重もの要因が重なり、信西の独裁体制は自然と固まりつつあった。

一方、保元三年（一一五八）十一月に検非違使別当・右衛門督に就いたのを最後に、信頼の出頭が止まった。官位推挙権を握る信西が警戒したのだろう。

ただし院近臣の最高位は大納言で、しかも欠員が生じなければ、上位の官職には就けないしきたりなので、「たまたまそうなった」という説もある。

いずれにしても、独裁を強めようとする信西に憤った信頼は、従二位権中納言・源師仲《もろなか》と語らってクーデター計画を推し進める。師仲は村上源氏嫡流・師行《もろゆき》の弟で後白河院側近の一人だ。それに同調したのが、院近臣の藤原成親《なりちか》、同光隆《みつたか》、そして源義朝らだ。

成親は正四位下・越後守で、『愚管抄』に「院の男のおぼえにて」と記されており、後白河院と男色関係にあったとされる。妹の一人が信頼の室、別の妹が重盛の室となっており、信頼一派と平家一門の連絡係のような役割を担っていたと思われる。

光隆は正四位下・越中守。代表的な院近臣家・良門《よしかど》流の氏長者でもあり、公卿昇進を目前としていた。

師仲、成親、光隆の三人は信頼に従属していたと考えられており、乱前には、とくに目立った行動を見せていない。

義朝は平家に水を開けられて不満を抱き、信頼に与したと伝えられるが、実際は、武蔵守や武蔵国の知行国主を歴任した信頼と、東国に勢力基盤を置いた義朝とは、強い地縁があり、その関係から呼応《こおう》したと考えられている。

さらに奥州藤原氏との関係強化や、陸奥との交易に財源を求めた義朝は（それが、後に義経の陸奥潜行に至る）、おそらく陸奥の知行国主だった信頼と、それなりの提携関係を築いていたと推定されている。

また信西が、義朝から持ちかけられた縁談（信西の息子・是憲と義朝の娘）を断り、清盛と縁戚関係になったため（信西の息子・成憲と清盛の娘）、義朝の恨みを買ったという『愚管抄』に記された噂は、今日では身分の差から噂にすぎないとされている。

さらにこの頃、二条帝の側近グループが形成され始めていた。彼らは二条親政派と呼ばれ、二条帝の親政を望む集団だった。尤も、二条親政は表向きの理由で、彼らが政治の実権を握ろうというのだろう。

二条親政派は、従二位大納言の藤原経宗《つねむね》（二条帝の生母の兄）と、都の警察機能を担う検非違使別当の藤原惟方《これかた》（二条帝の乳母の子）が中心となっていた。

かくして信頼と院近臣の反信西派、河内源氏、二条親政派という「打倒信西」で利害の一致した三党派が結束して、クーデターを画策していくことになる。

しかし、これはあくまで表向きの党派で、その裏には、新興の院近親・信西一門に対する名門院近臣の血を引く、信頼（道隆流《みちたか》）、成親（末茂流《すえしげ》）、光隆（良門流）、惟方（為房流《ためふさ》）の反撃といった図式も浮かび上がってくる。

上記四流に高階流を加えた五流が院近臣の代表的家柄だが、信西が養子入りしていた高階流を除く四流から、反信西の狼煙が上がったわけだ。それだけ信西の独裁が快く思われていなかった証左になる。

彼らは新興の院近臣の信西一門に、実務官僚及び大国受領の座を奪われ、既得権益を失いつつあり、動機は十分にあった。

いずれにしても彼らの強みは、後白河院と二条帝を握っていることで、保元の乱における崇徳陣営と異なり、勝算は十二分にあった。

（3）清盛、起つ——政治の中心に躍り出た巨星

平治の乱勃発

平治元年（一一五九）十二月九日、清盛が恒例の熊野詣《くまのもうで》に出かけた隙を狙って挙兵した信頼らは、左京の中心部にある三条烏丸《からすま》御所（三条東殿）に雪崩れ込み、後白河院と二条帝を確保した。この時、放火も行われたらしく、三条烏丸御所は焼け落ちた。その様を描いたのが『平治物語絵巻』になる。この戦いで北面の武士の大江家仲《おおえのいえなか》と平康忠《やすただ》らが討ち死にし、下級官吏や女房まで見境なく殺されたという。

第一の戦略目標を達成した信頼らは、第二の戦略目標の信西一門の壊滅を目指して信西を探したが、信西とその息子たちは逃れた後だった。

信西の追跡を源氏一門に託した信頼は意外な行動に出る。内裏に二条帝を移すと同時に、後白河院を一本御書所《いっぽんのごしょどころ》という書物の書写所に幽閉し、二条帝の親政を宣したのだ。すなわち信頼は自らの権力の源泉となる後白河院を否定し、その政治生命を断とうとした。

一見、理解し難い行為だが、親政派を味方に付けるための条件が、これだったのではないだろうか。蜂起の前、同盟者間で成功後の方針を一致させておくのは当然のことだろう。しかも二条帝は十七歳となっており、親政が十分に可能ということもあり、信頼は後白河院を用済みとしたのだ。

信西は捕まえられなかったものの、信頼は信西の知行国の播磨を取り上げ、義朝に与えるなどの人事（叙位・除目《じもく》）を行い、源氏の軍事力を後ろ盾とした信頼が主導権を握ったことを、高らかに宣言した。

一方、事前に京を脱出していた信西だったが、十二月十三日の夜明け頃、摂津源氏の源光保に山城《やましろ》国の宇治田原《うじたわら》で捕捉され、捕まる前に自害している。

ちなみに大河ドラマ『新・平家物語』では、信西の役を故小沢栄太郎《おざわえいたろう》が実にうまく演じていた。穴の中に身を隠し、中をくりぬいた竹筒で息を吸っていると、偶然、竹筒の上に乗った落ち葉が揺れ、隠れた場所が分かってしまうという秀逸な演出だった。

さて、なぜ信西は、六波羅の平家一門の許に逃げ込まなかったのかという疑問が湧く。後世のわれわれから見れば不思議だが、突然の政変に正確な情報も把握できない状況下では、致し方なかったのだろう。清盛は信西嫡男の成憲を婿にするのと同様、信頼嫡男の信親《のぶちか》をも婿としており、信西としては、清盛に全幅の信頼を置くわけにはいかなかったのかもしれない。また後述する陰謀の可能性があり、信西は清盛を頼るわけにはいかないという事情もあった。

十七日には信頼の許に信西の首も届き、信西の一族も次々と捕まり、信頼のクーデターは成功したかに見えた。現に信西の首を「大路《おおじ》渡し（都の大路を引き回すこと）」とし、さらに獄門に処しても、公家社会で何ら異議を唱える者のいなかったことは、「信西＝謀叛人」と「信頼＝忠臣」という共通認識が、でき上がっていたことを示唆している。

しかし、このあまりに鮮やかな成功が、信頼一派に油断を生じさせることになったのは、何とも皮肉だった。

後は、熊野から戻ってくる清盛を抱き込めば、すべては信頼の思惑通りになる。つまり信頼は、第一目標を後白河院と二条帝の確保、第二目標を信西の処刑、第三目標を平家一門との妥協と考えていたのだろう。

この第三目標は、おそらく源氏一党には伝えられておらず、清盛の意向次第で、信頼は源氏を切り捨てることもあり得たのではないだろうか。

清盛の反撃

熊野参詣の途次、紀州田辺付近でこの知らせを聞いた清盛一行は、基盛、宗盛ら十五人ばかりだったという。信頼の叛乱を全く予期していなかったことを、さぞ清盛は悔やんだことだろう。だが起こってしまったことは仕方がない。ここからの巻き返しが、清盛の真骨頂となる。

いったんは西国に落ち、捲土重来《けんどちょうらい》を期すことも考えた清盛だったが、紀伊や熊野の与党が加勢すると申し出たり、武具《ぶぐ》甲冑《かっちゅう》を提供してくれたりしたので、帰洛を決意する。それでも五十騎程度の軍勢なので、源氏の攻撃を受ければ、たちどころに討ち取られてしまうはずだ。

『愚管抄』によると、「すべからく義朝は討つべかりけるを、東国の勢などもいまだ着かざりければにや、これをばともかくも沙汰せでありける」と記している。つまり、「義朝はすみやかに討つべきところを、東国の兵がまだ来ていなかったためか、（討伐するよう）命じなかった」ということになる。しかし義朝が本気で清盛を討とうとするなら、「東国の援軍」など待っているだろうか。

義朝も武士なら、「勝ち運があるうちに一気に事を決す」という鉄則くらいは分かっていたはずだ。それほど勝ち運とは逃しやすく、いったん逃してしまうと、取り戻すのは容易ではない。しかも保元の乱で、援軍を待とうとした頼長が墓穴を掘ったのを目の当たりにしている義朝は、「待つ」のは愚策だと知っていたはずだ。

それではなぜ、義朝は清盛に討手《うって》を差し向けなかったのか、またなぜ、こうした危険極まりない状況下で、清盛は帰洛を決意したのだろうか。

定説では「清盛は中立で、義朝も清盛を攻撃対象とは考えていなかった」ということになっている。確かに清盛は、信西とも信頼とも縁戚関係にあり、中立的立場というのも、うなずけない話ではない。

しかし、「義朝が清盛を攻撃対象とは考えていなかった」というのは、保元の乱後の経緯からしてあり得る話ではなく、少なくとも義朝は、この機に平家一門を屠ってしまおうと考えていたのではないか。おそらく、それを条件に義朝は信頼と結んだはずだ。平家討滅という条件なくして、いくら義朝でも謀反同然の政変に加担するだろうか。

義朝は、清盛を討ち取るつもりでいたに違いない。『平治物語』には、悪源太義平の軍勢が、阿倍野《あべの》で清盛一行を待ち伏せしていたという噂も伝えられている。

それではなぜ、義平は肩透かしを食らったのか。または開戦に及ばなかったのか。

『平治物語』では、清盛の郎従が次第に集まり、京に着いた時には四百～五百になっていたという。それゆえ保元の乱での動員力が二百程度の義朝の手に余ったというのだ。

これは明らかに眉唾《まゆつば》だ。電話もない当時、連絡手段は限られており、二日から三日のうちに、伊勢・伊賀の諸所に散っている郎従四百〜五百も集めるのは無理な相談だろう。だいいち清盛自身が移動しており、どこに集まるというのか。

いずれにしても、義朝は千載一遇《せんざいいちぐう》の機を逃し、清盛を入京させてしまった。

実は、この謎を解く鍵が一つだけある。

清盛は、信頼の嫡男・信親を確保していた。つまり嫡男の信親を清盛に押さえられた信頼が、義朝には内緒で清盛に使いを送り、義平の待ち伏せ場所を教えると同時に、妥協策を提示した可能性を否定できない。

かくして十七日、何の妨げもなく六波羅に戻った清盛は、帰りを待ちわびていた内大臣・左大将の藤原公教《きんのり》から敵方の動静を聞いた。

公教は信西の嫡男・俊憲を娘婿に迎えている信西派だ。言うまでもなく今回の政変には憤っており、清盛に信頼攻撃を強く勧めた。清盛はここから、公教と連携を取りつつ動いていくことになる。

この公教だが藤原北家閑院流三条家の二代目として、鳥羽院政末期から政務の中枢で活躍していた。この頃の最有力公卿と言ってもいいだろう。保元の乱でも信西と忠通に同心し、後白河帝を支持し、乱後には記録所(荘園管理所)の上卿《じょうきょう》(トップ)を務め、信西の庇護者的立場から、その改革にも協力していた。

『今鏡』では「心ばえおとなしくて、公事《くじ》などもよくつとめ」と、その温和でまじめな性格をたたえ、「世の人の様に、あながちたる追従《ついしょう》もし給わず」と、その考えは公明正大で、保身のために風見鶏的な動きをしない人物と評している。この時も、反信頼をいち早く標榜《ひょうぼう》し、清盛を引っ張る形で平治の乱を主導した。

しかし平治の乱の翌年に五十八歳で病死したため、その事績はあまり残らなかった。

公教から後白河院と二条帝が信頼に押さえられたと聞いた清盛は、強硬策を取れば朝敵とされることを知った。

こうなれば策を弄するしかない。

清盛は名簿《みょうぶ》(自らの名を書いて主君に提出する証書)を信頼に提出して忠節を誓うと、信頼の嫡男・信親を信頼の許に送り返してしまう。

常識的には、信親を人質として駆け引きしようとするはずだが、清盛は早々に切札を投げ出すことで、信頼に油断を生じさせようとしたのだ。

その裏で清盛は、公教と共に離反工作に着手していた。狙いは敵方の最も脆弱《ぜいじゃく》な部分にあたる二条親政派だ。親政派は当初から腰が定まっておらず、清盛帰洛を聞き、

平治の乱　主要人物去就一覧　※(　)内の数字は年齢

皇族	後白河院(33)
	二条天皇(17)
院近臣	信西(藤原通憲)(54)
	藤原公教(57)
摂関家	藤原忠通(63)
	藤原基実(17)
平氏	平清盛(42)とその一門
	平頼盛(28)

✕

皇族	――
院近臣	藤原信頼(27)
	源師仲(44)
	藤原成親(22)
	藤原光隆(33)
二条親政派	藤原経宗(41)
	藤原惟方(35)
源氏	源義朝(37)とその一門
	源頼政(56)とその一門
	源光保

動揺を来していた。さらにこのままで行けば、親政は名ばかりで、信頼が信西に取って代わるだけだと気づき始めてもいた。

また、信西と信頼という二大院近臣を一気に屠るために、公教、経宗、惟方の三人が、清盛を引き込んで行った陰謀が平治の乱という説もある。

十八日、ひそかに親政派と連絡を取った清盛は、二条大宮《おおみや》で失火騒ぎを起こし、信頼と義朝の耳目をそちらにそらしている隙に、二人を奪取した。つまり二条帝を六波羅に行幸《ぎょうこう》させ、さらに後白河院を仁和寺に落とした。

ちなみにここまで主語を清盛で記したが、親政派の取り込みと二条帝の奪取は、公教が中心となって行った。二人の間では、うまく役割分担がなされていたのだろう。

ここで「清盛は院を仁和寺に落とした」と書いたが、この時の使者に立ったのは惟方だった。この時点で、親政派の惟方は清盛・公教派に転じているだけでなく、院を仁和寺に落とす手助けまでしている。

あまりに手回しがよすぎる気がするし、だいいち寝返ったばかりの惟方を、清盛と公教が頭から信用しているのも不思議だ。惟方が偽装寝返りをしていたとしたら、少なくとも院は、敵の厳重な監視下に置かれてしまうことになる。ここらあたりに、前述の陰謀説が臭ってくる。

また、二条帝を六波羅に行幸させたにもかかわらず、院を信頼方の奪還の危険性がある仁和寺に落としたというのは、いかにもおかしい。手の内に収めたいのならば、六波羅に行幸させるべきだろう。

仁和寺に落ちたのは、院の意思だったと思われる。院が信頼の謀叛の黒幕だったとまでは言いきれないが、この時点で、院は信頼勝利の目も十分にあると考え、中立の立場を貫くべく、自ら仁和寺に落ちたのではあるまいか。

ちなみに仁和寺には、院の同母弟の入道覚性親王がおり、勝敗の目がどのように転んでも、突き出されることはないと踏んでいたに違いない。

親政派に寝返られた挙句、二条帝という玉《ぎょく》を取られた信頼と義朝は驚愕した。『愚管抄』で慈円は、「あぶの目ぬけたるが如くにてありけり」と書いているが、視覚を失った虻《あぶ》のように、二人が右往左往している様が目に浮かぶ。

これで信頼と義朝は朝敵となった。しかも信頼はすでに院を裏切っているため、どこからも救いの手は差し伸べられない。

『愚管抄』によると、この時、義朝は、清盛を信じきっていた信頼を「日本第一の不覚人（愚か者）」と罵倒したという。

ここからも分かる通り、信頼と義朝の間には亀裂が入っており、それが、清盛の処置をめぐる意見の不一致から生じた仲違いだったことは明白だろう。

信頼が院と二条帝を失ったことを知った源頼政や同光保らは、先を争って清盛に降伏した。彼らは二条帝側近なので、その意向に沿って清盛に味方したという大義名分もあった。

やがて、後白河院、美福門院、大臣、公卿、さらに信頼派と目されていた摂関家の忠通・基実父子も六波羅に集まり、信頼と義朝は孤立した。

清盛は二条帝から二人の追討の宣旨をもらい、平家一門を挙げて攻撃に移った。

合戦経過と戦後処理

平治の乱は、内裏をめぐる戦いで火蓋が切られた。その勇壮な戦いの経緯は『平治物語』に詳しいので、ここでは記さない。

ところが、戦局は意外な展開を見せる。どう考えても負けるはずのない平家が敗走を始めたのだ。ここを先途《せんど》と源氏が追撃する。しかし、これは清盛の策略だった。新築成ったばかりの内裏を焼かせたくない清盛は、義朝を内裏の外に誘い出し、その隙に内裏を占拠すると同時に、六条河原で待ち伏せた重盛・頼盛勢に義朝勢を迎撃させたのだ。この策にまんまとはまった義朝勢は散々に打ち破られ、義朝は東国指して落ちていった。

逃避行《とうひこう》に移った義朝は、近江国との国境《くにざかい》の龍華越《りゅうげ》えで延暦寺の悪僧に襲撃され、叔父の義隆《よしたか》を失った。この時、頼朝ともはぐれ、さらに負傷して動けなくなった次男の朝長《ともなが》を、自らの手にかけねばならなかった。

その後、甲信の武士団を組織して再起しようという長男の義平と別行動を取ることにした義朝は、郎従の鎌田正家と二人だけになり、十二月二十九日、やっとの思いで尾張国内海荘《うつみのしょう》の与党・長田《おさだ》忠致《ただむね》の許に逃げ込んだ。

しかし、ここで忠致に騙し討ちに遭った義朝は三十八歳の生涯を閉じる。保元の乱の戦後処理で父や弟を斬ってから、わずか四年後のことだった。

同じ月には、清盛の暗殺を企て、京に潜伏していた悪源太義平も捕えられ、斬首に処された。二月には、三男で十三歳の頼朝も見つかり、六波羅に連行される。

この時、頼朝は処刑されるはずだった。しかし忠盛の継室・池禅尼が、「死んだ家盛に似ている」と清盛に助命嘆願することで、伊豆への配流と決まった。さらに、頼朝だけ助けるのもおかしいとなったのか、その弟たちも配流で済まされた。

もしもこの時、頼朝が家盛に似ても似つかない顔をしていたら、歴史は変わっていたはずで、これほど劇的な歴史の分岐点はないだろう。

源氏ではないが、十世紀には平将門が、十一世紀には平忠常が東国で蜂起しており、東国が叛乱の温床《おんしょう》となっていることは清盛も分かっていたはずで、結果論ではなく、この措置はどう考えてもおかしい。

一方、戦が始まる前に内裏から脱出し、仁和寺に逃げ込んだ信頼も、その日のうちに捕まった。

十二月二十七日、清盛の前に引き据えられた信頼は弁明の機会さえ与えられず、首を打たれる。『愚管抄』では、信頼は最後に「(自分のやったことは) あやまたぬ」、つまり「間違っていない」と一言だけ言ったとされる。彼の立場からしてみれば、それは正直な感想だったのだろう。公卿の地位にある者に死罪が適用されるのは、これが最初となった。

一方、信頼と共に仁和寺に逃げ込んでいた共犯者の成親は、重盛の義兄ということもあり、解官という軽微な罪で許され、後に政界に復帰している。同様に従二位権中納言・源師仲も解官の上、流罪に処された。彼も六年後に政界復帰を果たすが、二度と政権の中枢には返り咲けなかった。

また光隆も、いったん解官されるが、さしたる罪に問われていない。彼ら三人は信頼に従属しており、重要な役割を果たしたわけでもないので、罪は軽いと見なされたようだ。

かくして清盛が政治の中心に躍り出る。

しかも保元・平治両乱を通じ、清盛は私利私欲から先に仕掛けたのではなく、「図らずも」という形で勝利を手にしたことは大きかった。その結果、公家社会での清盛の評価は騰がり、『愚管抄』でも「時にとりて世にたのもしかりけれ（こうした時代には何とも頼もしいものだ）」と、手放しで褒めている。

平治元年の暮れも押し迫った頃、平治の乱の論功行賞が行われた。平家一門は五カ国から七カ国の知行国主となり、その栄華の時代が幕を開けた。そうなると次に始まるのは、後白河院と二条親政派との確執だ。

信西と信頼という院近臣勢力の二大支柱を失った後白河院は、両腕をもがれたと同然となり、院政の再開どころではなかった。

これを見て勢いを得たのが二条親政派だ。しかし親政派の藤原経宗と同惟方は、少し調子に乗り過ぎた。

後白河院が権中納言・藤原顕長の邸宅に行幸した折、そこから八条堀河の大路を見物しようと桟敷《さじき》に出た院に対し、二人はそれを見せまいと、桟敷の前に板材を打ち付けるという嫌がらせをした。これに激怒した院が、清盛に抗議すると（『愚管抄』では「泣いて訴えた」という）、清盛は二人を搦め取り、牛車《ぎつしや》に乗った院の前に引き据え、拷問《ごうもん》の上、流罪に処したという。

慈円は『愚管抄』で、「その有様は、まがまがしければ書きつくべからず」と記し、筆を擱《お》いている。権大納言と参議という高位の公卿に対し、内裏内で拷問にかけるなど前代未聞のことで、清盛の権力が、すでに確立されていたことを物語っている。

経宗と惟方としては、味方だと思っていた清盛に足をすくわれた形となった。

これは実に奇妙な事件だが、単なる嫌がらせではなく、実際は後白河院幽閉を図ったものだったが、『愚管抄』の表現法により誤解されたという説がある。

これにより平治の乱の論功行賞で、信頼の没落後に惟方が知行していた武蔵国が知盛に下され、平家の知行国は八カ国となった。

かくして、後白河院の院政を清盛が支えるという体制が固まった。

この事件の後も、親政派唯一の武力と言える摂津源氏の源光保・光宗父子が謀反の疑いで殺されるなど、平治の乱で寝返ってきた親政派の者たちも次々と処分された。

後白河院と反目していた親政派は、今後も騒乱の火種となる可能性があり、清盛は早めにその芽を摘み取ったのだろう。

ただし元々、聡明という評判がもっぱらでもある二条帝も十八歳となり、しかも後白河院とは父子でもあり(関係は悪かったというが)、徐々に二頭政治の体制が確立されていった。二条帝にとり、自らの周囲から有力な取り巻きがいなくなったことが、逆に幸いした形になった。これを見届けた美福門院は平治の乱翌年の永暦《えいりやく》元年(一一六〇)、四十四歳で死去する。

かくして、保元の乱の表裏の立役者の信西と美福門院は、慌ただしく現世から去っていった。

院近臣と摂関家の権力闘争だった保元の乱と異なり、院近臣どうしの内輪もめの感が強い平治の乱は、院近臣勢力の共倒れという現象を引き起こし、その隙に乗じた清盛に「図らずも」という形で天下が転がり込んできた。

平治の乱と「陰謀史観」

「陰謀史観」というのは人を魅了する。とくに結果から類推し、すべては勝利者の策謀だったという解釈を下すと、誰もが納得する。とくに歴史作家や小説家は「陰謀史観」を好み、歴史研究家筋からは、眉をひそめられることが多い。

と前置きした後で、「陰謀史観」を持ち出すのも言い訳じみているが、どうも平治の乱というのはすっきりしない。

まず、平治の乱で最も得をしたのが清盛ということに異論はなかろう。そうなると、清盛が何らかの陰謀をめぐらせていると考えたくなるのが人情だ。

その前提で、平治の乱をめぐる謎を見ていこう。

常は用心深い清盛が、あえて隙を見せるように熊野詣に出かけたというのが、まずおかしい。

清盛は慎重な性格で、とくに情報収集の重要性をよく知る人物だった。

『平家物語』では、清盛は「禿髪《かぶろ》」という少年を三百人も養成し、京洛で平家の陰口を言う者を探させたと言うが、これは分かりやすい事例を記したまでで、実際には、あらゆるところに密告者の目を張りめぐらせていたのだろう。それが後の鹿ヶ谷の陰謀を未然に防いだことにつながるのは、周知の通りだ。

そんな清盛が、信頼や義朝の不穏な動きに気づいていないというのが、まず不可解だ。娘婿の父親の信頼はまだしも、ライバル義朝の動きは注視していたはずだ。とくに義朝は軽躁で短絡的な一面があり、予想もしない行動に出る可能性があるので要注意人物だ。

一方、そんな清盛に、嫡男の信親を早々に確保されてしまった信頼もおかしい。清盛を油断させるべく嫡男を切り捨てたということは考え難く（信頼は、それほど追い込まれていたわけではない）、事前にクーデターを信親に知らせ、「体調が悪く」等の理由で、自らの許に保護するのが普通だろう。

次に、慈円も首をかしげている通り、清盛が少ない供回りだけで、難なく六波羅に帰り着くことができたというのも不思議だ。

前述のごとく、信頼が清盛を恃みとしていたということも考えられるが、信西（政治）―清盛（軍事）体制が布けたばかりのこの時期に、政情を不安定とさせるような暴挙を、清盛が事後承認するだろうか。

清盛の辣腕《らつわん》ぶりや厳格さを知っているはずの信頼が、あまりに考えが甘い上、義朝ら打倒清盛以外に取るべき道のない味方に対し、何とも煮え切らないのだ。

また信頼が唯一頼りとすべき後白河院を裏切るのも解せないし、二条帝と院をいとも簡単に手放してしまうのも不思議だ。

そこで「陰謀史観」の登場となる。

清盛は、信西の飛ぶ鳥を落とすほどの権勢に危機感を募らせていたと考えてみる。一方の信頼は信西を除去したい。このままいけば信西一門の独裁体制が固まり、信西と仲の悪い信頼は、出世どころか失脚させられる恐れが大だ。

そこで信頼が清盛にクーデターを持ちかける。ないしは清盛が信頼に指嗾する。ただし清盛は自ら手を汚したくない。そして「それなら、ついでに源氏も滅ぼそう。それにはいい手がある」と策を授ける。すなわち源氏の手で信西を屠り、最終局面で信頼が源氏を裏切り、平家の手で源氏を滅ぼしてもらうという筋書きだ。

しかし、最後の最後で信頼は梯子《はしご》を外された。

清盛に騙されたと分かっても、信頼は外界と遮断《しゃだん》され、発言の暇も与えられず、あっさり処刑されている。

かくして清盛は信頼の手で信西を取り除くことに成功し、源氏には朝敵の汚名を着せて滅ぼした。しかし信頼が信西に代わるだけでは意味がない。そこで信頼をも最後に切ったのだ。

結局、清盛は信西と信頼を共倒れさせることにより、後白河院の院近臣勢力を著しく弱めることに成功した。

また別のシナリオとしては、既述の通り、院近臣を排除したい公教、経宗、惟方が、結託して清盛を誘ったということも考えられる。

このように、結果から陰謀を類推するのは容易だが、言うまでもなく事実は闇の中だ。ただし本能寺の変における種々の陰謀説に比べれば、よほど合理的な気がする。

第三章

平家政権の誕生と日宋貿易

(1) 専横、極まりて――深まる「治天の君」との溝

「平家に非ざる者は――」栄華の果て

永暦元年(一一六〇)六月、平治の乱の恩賞として清盛に正三位が下された。正四位下から正四位上と従三位を跳び越えての三階級特進だった。これにより四十三歳の清盛は公卿となった。軍事貴族としては初の栄誉となる。

ここで位階について、少しだけ触れておきたい。

律令制に定められた位階は三十階から成るが、正七位以下は次第に実質が伴わなくなり、この頃には誰も任命されなくなった。つまりこの時代の日本では、正一位から従六位までの十八階級が位階として存在した。

なぜ十八階級かというと、正一位から従三位までは、「正」と「従」の六階級だが、四位から六位までは、これに「上」と「下」が入るので十二階級となるからだ。つまり、正四位上、正四位下、従四位上、従四位下といった具合になる。

正一位から従三位までを公卿、正四位上から従五位下までを殿上人ないしは諸大夫、

正六位以下は侍品と呼ばれる。また正一位から従五位下までは貴族と呼ばれた。

ちなみに貴族とは異なり、公家という用語は多分に概念的なもので、朝廷に武をもって仕える武家に対し、文をもって仕える者を意味した。つまり武家と対比される場合に用いられることが多かった。

また注意すべき点として、最上位の正一位は生前に授けられることがまれで、死後に事績を賞して授けられるのが常だった。さらに正四位上と正五位上は、昇進の際に飛ばされることがほとんどで空文化《くうぶんか》していた。既述の通り、清盛も正四位上を飛ばされている。

続いて官職の話になる。ちなみに官位という用語は官職と位階を合わせたもので、官職は朝廷内の職掌になる。

清盛はこの年の八月に参議となり、国政参加の資格を得ると同時に右衛門督に就く。さらに翌年には、検非違使別当と権中納言へと上り詰める。右衛門督、検非違使別当、権中納言の三職兼任は、平治の乱直前の藤原信頼と同じで、後白河院は清盛に事実上の独裁権を与えたことになる。否、与えざるを得なかったことになる。

またこの頃、清盛は、皇室の伊勢神宮、藤原氏の春日社、源氏の石清水八幡宮に対抗するかのように、氏神として厳島《いつくしま》大明神を取り立てている。厳島のある安芸国は、かつて清盛の知行国で親しみがあったことはもちろんだが、日宋貿易を財源の支柱にする平家にとり、海の守り神の厳島大明神ほど象徴的な氏神はない。これまでの伊勢神宮、熊野権現への信心は変わらずとも、これ以後、清盛は厳島大明神への信心を深めていく。

また清盛は、「武士が大宰大弐の地位に長くとどまると高麗《こうらい》（朝鮮半島）で乱が起こる」という公家社会の迷信を信じ、大宰大弐の座を信西の子の成憲に譲っている。既に述べたように、信西は忠盛に続いて日宋貿易に目を向けていたので、その子に座を譲ることは、信西に対してよい手向《たむ》けになったと思われる。こうした気配りが、清盛の度量の大きさを物語っている。

さらにこの頃、清盛の室・時子が従三位に叙せられ、二条帝の乳母となっている。これにより清盛は乳父となり、私的立場からも二条帝に意見できることになった。かくして公私両面から、清盛は政治の実権を握ることになったが、表向きは、あくまで後白河院による院政が布かれていた。

院の周囲は、清盛、重盛、頼盛、教盛、時忠といった平家一門で固められ、院はその箸の上げ下げまで監視されていた。

ちなみに時忠とは、堂上流平氏の高棟流に属し、清盛の室・時子の同母弟にあたる人物で、清盛の片腕のような立場を確立していた。

大治二年（一一二七）生まれと伝わる時忠は、二十歳の久安二年（一一四六）の非蔵人からその経歴をスタートさせ、鳥羽院政末期に判官代として頭角を現し、永万《えいまん》二年（一一六六）には五位蔵人、弁官、検非違使佐の三職を兼ね（「三事兼帯」）、宮中（蔵人）、太政官（弁官）、民政・司法・警察（検非違使）を牛耳ったこの時代の顔役だ。最終的には正二位権大納言まで上り詰めるが、平家の都落ちに付き従い、壇ノ浦で生き残った後は義経と結ぶが、流罪となって生涯を終える。

平家全盛時に「この一門に非《あら》ざる者は男も女も法師も尼も人非人《にんぴにん》たるべし」という有名な言葉を残した人物と言えば、思い出す方も多いと思われる。

また時忠は非情かつ冷酷な人物としても知られ、検非違使別当（長官）の時代には、強盗十二人の右腕を切断したり、囚人十五人を斬首したり、囚人二十一人の両腕を切ったりした。やたらと腕を切るのが好きな男だが、この時代、片腕を斬られただけでも死に至る危険性が高いため、その苦痛を考えれば死罪以上の罰だったろう。

二条帝の親政

保元の乱で摂関家が衰え、平治の乱で院近臣と源氏が倒れ、その戦後処理で二条親政派が駆逐された。この結果、平家に対抗できる勢力はなくなった。

政局は清盛の一存に左右されるようになったものの、その利害に触れない範囲での政治的判断は、後白河院、二条帝、前関白の忠通、関白の基実により決定されていた。政治体制としては、形ばかりに後白河院政が布かれていたが、「賢王」の誉れ高き二条帝が成長するにつれ、後白河院の権力と発言力は後退を余儀なくされると、公家社会の誰もが思っていた。

こうした表面的な協調体制の下、政治運営から一歩退いた地点で、清盛は着々と蓄財し、権力基盤を固めていった。

しかし順風満帆《じゅんぷうまんぱん》に見える平家一門内に、意見対立はなかったのだろうか。もちろん絶対的な家父長の清盛に盾突くことはできないが、その意向に反しない範囲で、勝手な動きをする者が出てきてもおかしくはない。

応保元年（一一六一）九月、清盛の室・時子の異母妹の小弁局滋子《こべんのつぼねしげこ》（後の建春門院）が院の寵愛を受け、皇子（後の憲仁親王、高倉帝）を出産した。これにより滋子の異母兄の時忠が、後白河院の意を受けて動き始める。

時忠は清盛の異母弟・教盛と組み、生まれたばかりの皇子を皇太子に据えようと図った。しかし、これが二条帝の逆鱗に触れて二人は解官された。

これに与同していた藤原信隆《のぶたか》、同成親ら院近臣も解官され、後白河院の権力はなきに等しいものになった。

後白河院としては、二条帝を退位させ、幼子《おさなご》を帝位に就けることにより、再び権力を独占しようとしたのだが、それを未然に察知した二条帝により、事実上の失脚を遂げたのだ。

さらに翌応保二年（一一六二）三月には、流罪になっていた親政派の藤原経宗が復帰し、二条帝側近の座に返り咲いた。経宗は長寛二年（一一六四）正月に権大納言に復帰、同年閏十月には右大臣の座に就いている。

六月には、賀茂社で二条帝を呪詛《じゅそ》したとの疑いで、時忠と院近親の源資賢《すけかた》・通家《みちいえ》父子が流罪に処されている。

現実主義者の時忠が呪詛に加担するとは思えないが、もし事実なら、清盛が時忠の動きを静観していた理由が分からない。

この頃の清盛は日宋貿易に関心が移り始めていた時期で、二条帝の好きにさせていたのかもしれないが、深読みすれば、あえて時忠や教盛を犠牲にすることで、院近臣勢力の弱体化を図っていたとも考えられる。現に時忠と教盛の二人は、何食わぬ顔で、すぐに政界に復帰している。

次に清盛が打った手は、摂関家への接近だった。

保元の乱後、摂関家は忠通、そしてその子の基実が継いでいたが、すでに述べた通り、信西によりその勢力を骨抜きにされていた。

応保元年（一一六一）、忠通は二条帝に自らの娘を入内させた。当然、将来の天皇外戚の座を得るためだ。

その忠通が長寛《ちょうかん》二年（一一六四）に亡くなると、清盛は、その息子で関白の基実に自らの娘の盛子を嫁がせ、摂関家の取り込みに成功している。基実は二十一歳、盛子はわずか九歳だった。

一方、後白河院はその離宮に蓮華《れんげ》王院《おういん》を造営し、その堂内に千体の千手観音像を納め、その関心を信仰に向けていた。

また同じ頃、清盛は厳島神社に法華経《ほけきょう》をはじめとした装飾経三十三巻を奉納した。これが「平家納経《へいけのうきょう》」になる。これは清盛の近親者が一人一巻ずつ分担して写経したもので（清盛のみ二巻）、表紙から見返しの絵、また使用された料紙、発装、金具、紐、軸に至るまで、平家一門の栄華を象徴するような贅美の限りが尽くされていた。

この頃から清盛は厳島神社への信仰が深まり、平家の財力により、大規模な社殿が次々と造営されていった。それは規模だけでなく、スポンサーの清盛の美的センスが存分に反映された、斬新かつ独自性の溢れる社殿建築だった。

この時、清盛は四十七歳。自らの死後に多少の盛衰はあったとしても、藤原氏のように、平家一門の繁栄は永劫《えいごう》に続くものと思っていたに違いない。

二条帝の死と永万年間の政局

後白河院の勢力が後退し、二条帝が台頭した長寛年間（一一六三〜六五）の政局は比較的、平穏だった。しかしそれも束の間、長寛三年（一一六五）の三月頃から二条帝が健康を害することで波乱含みとなる。

六月には、さらに病状が悪化し、前年に生まれたばかりの嫡子・順仁《のぶひと》（後の六条帝）を立太子し、七月にはいよいよ死を覚悟したのか、六条帝に譲位した。

そして七月二十八日、英明を謳われた二条帝は二十三歳で呆気なくこの世を去った。

二条帝を失った清盛は、自ら大納言に就任すると同時に、娘婿の基実を執政の座に就け、六条帝の親政を開始させた。

武士が大納言の位に就くのは前代未聞で批判もあったが、二条帝死去による政情不安を解消するためには、清盛が前面に出てくるほかに手はなかった。

十二月には、天皇が幼いという理由から、後白河院の皇子の一人の憲仁（後の高倉帝）

に親王の宣旨が下されている。憲仁の母は清盛の室・時子の妹で、清盛は六条帝にもしものことがあった場合の保険をかけたことになる。

悪いことは重なるもので、翌永万二年（一一六六）七月には、二十四歳の基実が摂政就任後、わずか一年で急死する。赤痢《せきり》だったという。基実は清盛のお気に入りの婿だったらしく、『愚管抄』によると、度重なる不幸に、清盛は「こはいかにといふばかりになげきにてある（こんなことがあっていいのかとばかり嘆いていた）」という。

基実の息子・基通《もとみち》は七歳と幼く、基実の弟・藤原（松殿《まつどの》）基房《もとふさ》が摂政の座に就いた。基房は院近臣だったため、自然な流れで後白河院の院政が再開された。三歳の天皇に六歳の皇太子では、さすがに清盛も形ばかりの天皇親政を続けるわけにはいかなかった。

ちなみに藤原北家の家系は、この代からそれぞれの邸のある地名を通称として使うようになる。基実が近衛、基房が松殿、兼実《かねざね》が九条といった具合だ。さらに近衛から鷹司《たかつかさ》が、九条から二条と一条が枝分かれし、衰退した松殿を除いて五摂家《ごせっけ》を形成していく。

ここまで後白河院に院政をやらせなかった清盛だが、後白河院の院政以外に選択肢はなくなり、致し方なく黙認した。

仁安に改元された八月には、藤原成親が参議に、同成範《なりのり》と平頼盛が三位に叙された。いずれも院近臣になる。後白河院は地固めを着々と進めていた。

さて、摂関家の氏長者の座が転がり込んできた基房だが、急死した兄基実の遺領、すなわち摂関家の遺領を受け継ぐことができなかった。基房には摂関職に付随する遺領の一部の相続が許されたが、摂関家の財政を賄《まかな》ってきた大半の荘園は、基実未亡人の盛子のものとなる。当時の相続法は曖昧で、清盛という権力者の意向が反映されたのは言うまでもない。これにより平家は、摂関家の氏長者領という大きな経済基盤を奪うことに成功した。

この時、わずか十一歳の後家《ごけ》を家長に立て、所領の大半を相続させることが法的に可能だと、清盛に教えたのが藤原邦綱《くにつな》だった。

邦綱は、忠通の晩年から摂関家の家司《けいし》として摂関家の家政を取り仕切ってきた知恵者で、内裏の造営を監督するなどして頭角を現し、この頃は参議に名を連ねていた。

この献策により邦綱は盛子の「御後見《おんうしろみ》」となり、実質的な荘園の管理を任されることになる。またこれを機に、邦綱は清盛のブレーン的立場をも獲得し、清盛の五男・重衡の室に、三女の輔子《ほし》を入れることに成功する。

位人臣を極める

仁安元年（一一六六）十月、憲仁親王が立太子され、清盛が東宮大夫《とうぐうだいぶ》（皇太子の後見役）に任じられた。さらに、そのスタッフとも言える東宮坊の主要な官職は、東宮傅《ふ》の座に基房の異母弟・藤原（九条）兼実が就いたほかは、平家により独占された。

兼実は忠通の三男で、四十年にわたり日記『玉葉』を書き綴《つづ》ったことで有名だ。同母弟の慈円の記した『愚管抄』と共に、『玉葉』はこの時代の一級史料とされている。

この二人の異母兄に基実と基房がいる（「摂関家略系図」参照）。

憲仁親王が立太子された翌月、清盛は内大臣の座に就いた。これがいかに破格の人事だったかは、その後も公家社会で「後胤説」が囁かれ続けたことからも明らかだ。

そして仁安二年（一一六七）二月、清盛は太政大臣に就任した。永暦元年（一一六〇）、正三位参議となり公卿の地位を得てから、わずか七年で清盛は公卿の頂点に君臨することになったのだ。まさに清盛は「位人臣《くらいじんしん》を極めた」のだ。

しかし、この時代の太政大臣職は多分に名誉職的なものだったため、清盛はわずか三カ月でこの職を辞し、自由に動ける立場に自らを置いた。清盛は太政大臣の座にとどまるよりも、元太政大臣として国政に参与する方が得策と判断したのだ。

また一門もそれぞれ栄達を遂げたが、中でも重盛の立身は清盛の後継者にふさわしいものだった。清盛が内大臣の座に就くや、その二カ月後には、清盛から東宮大夫の座を譲られた。当時、重盛は権中納言の官職にあったが、権中納言の東宮大夫就任は、栄華を極めた藤原道長の五男・教通《のりみち》以来という異例さだった。

さらに重盛には清盛の太政大臣辞任と相前後して、東山・東海・山陽・南海四道の賊徒追討権を譲り渡された。これは四道に限定されているとはいえ、京都の威令が届く範囲での軍事・警察権を一任されたことになる。この権限は、非公式的に清盛が有していたものを、新たに制度化して重盛に宣下《せんげ》されたものだ。

ここからも分かることだが、清盛が内大臣を五カ月、太政大臣を三カ月で退いたもう一つの理由は、自らが頂点に君臨し続けていると、重盛以下の立身も止まり、自らが急死した際には、重盛らの地位も据え置かれてしまう恐れがあったためだ。

清盛のみならずこの時代を生きる人々は、急逝というものを常に念頭に置き、様々な判断を下していかねばならなかった。自らが高位に居座ることで、子弟の昇進も滞り、急逝してしまうことで、子が父の位を継げなかった例は、枚挙に暇がない。

五十歳を迎えた清盛は、一門の次世代を見つめ、着々と手を打とうとしていた。

そうした矢先の仁安三年（一一六八）二月二日、清盛は、自らの危惧が現実になるかもしれない事態に直面する。

突然、病に倒れたのだ。

症状は極めて重く、十一日には室の時子と共に出家までして快癒《かいゆ》を祈願《きがん》したが、病状はいっこうによくならず、自らも周囲も「清盛死後」を考えるようになった。

この時の病は「素白《すはく》」、つまり寄生虫によるものとされるが、果たして急性のものだったのだろうか。前年からの駆け足の譲位は、清盛に自覚症状があったことの証になるのではないか。

出家した際の清盛の法名《ほうみよう》は、はじめ「清蓮《せいれん》」とされたが、すぐに「静海《じようかい》」と改められている。何事にも直截的な清盛なので、意味の分からない法名より、現世利益《げんせりやく》のある、つまり日宋貿易を盛んにするために海の安全を願う「静海」の方がしっくりきたのだろう。しかしこの法名は定着せず、公家たちの日記などで、清盛は「入道大相国」ないしは「六波羅入道」と呼ばれることになる。ちなみに「相国」とは太政大臣の唐《とう》名《みよう》になる。

清盛危篤の報に慌てふためいたのが、後白河院だった。もちろん清盛のことを案じてではない。

ここに至るまで、清盛と院の関係は、反目や対立とまではいかないまでも、決して良好なものではなかった。清盛は院を全く評価せず、院政を布かせようとしなかったので当然だろう。しかし、二人の目が黒いうちに憲仁を即位させようという点では、二人の利害は一致していた。

熊野に詣でていた院は、清盛の病状悪化を聞くや、都に取って返し、六波羅の清盛を見舞った。そこで二人の間に、どのような会話がなされたのかは定かでないが、少なくとも、六条帝から憲仁への譲位が決定されたことは明らかだろう。

清盛がそれに合意したとなれば、清盛の息があるうちに、すべてを終わらせようということになるのは当然だった。院と平家一門は協力し、六条帝に譲位させ、憲仁に践祚させてしまう。

かくして高倉帝が誕生した。即位儀は三月二十日となった。

話は少し先になるが、この三年後にあたる承安元年（一一七一）、十一歳となった高倉帝の許に、清盛と時子の間に生まれた娘の徳子が入内する。

むろん清盛の意向があってのことだが、この入内には、高倉帝の実母・滋子の主導で実現している。滋子は時子の異母妹にあたり、平家の庇護の下、高倉帝と生まれるはずの皇太子の地位を安泰とさせようとしていたことが分かる。

皇統とは、油断すると、その時の政治勢力図次第で、すぐにほかに持っていかれてしまう。それゆえ天皇の実母でも、子孫の地位固めには必死だった。

嘉応《かおう》元年（一一六九）に院号を贈られて建春門院となる滋子は、たいへん優秀だったらしく、政局の動向を常に念頭に置き、的確な判断を下していたという。そして、この建春門院の働きにより、後白河院と清盛の関係は、しばらく小康状態を保つことになる。

入道大相国と日宋貿易

一時は危篤を伝えられた清盛だったが、驚異的な回復力を示し、三月中頃には健康を取り戻した。だからと言って出家や隠居を取り消すことはできないため、「入道大相国」となった清盛は、仁安四年（一一六九）の春、福原の「遁世《とんせ》退老《たいろう》の幽居《ゆうきょ》」に移っていった。

清盛は太政大臣を退いた時、すでに平家の氏長者の座や、権益と財産の大半を重盛に譲っていたので大きな混乱はなかったが、政界の大物の隠退と本拠の移転だ。またしても世が乱れるのではないかと、公家たちは不安になったに違いない。

このあたりは複雑なのだが、公家たちは清盛と平家一門の出世を妬《ねた》みながらも、治安維持勢力としての平家を頼りにしてもいた。

清盛が福原に隠退後の居を定めたのは、日宋貿易の陣頭指揮を執るためだが、京洛の地の政争に嫌気が差し、あえて距離を置いた可能性もある。病に倒れた原因が、長きにわたるストレスだったことも考えられる。

福原とは別名平野《ひらの》とも呼ばれ、現在の神戸市兵庫区辺りを指すというが、この周辺には平家の所領が多くあり、古代には貿易港として栄えた大輪田泊《おおわだのとまり》も近く（「幽居」の南二・五キロ）、六甲《ろっこう》の山嶺《さんれい》が北風を遮るため気候も穏やかで、隠居するにはもってこいの地だった。清盛の「幽居」は六甲山地・菊水山《きくすいやま》の麓辺りにあったという。

都に物資を運ぶ場合、舟運《しゅううん》の便からすれば、大坂の方がより至便だったが、大坂湾には多くの大小河川が流れ込み、その土砂《どしゃ》で水深が浅くなり、大船の出入りが困難なため福原を選んだと言われている。

清盛以前から、西国の物資は大輪田泊で小船に載せ替えて淀川をさかのぼり、京に送られていたので、大坂湾の水深は大きな問題だったのだろう。それが、近世になり神戸港を発展させたことは周知の通りだ。

福原は、そうした商業的利便性だけではなく軍事的防御性にも優れていた。北には急峻《きゅうしゅん》な山々がそびえ、南は海に面しており、東は生田《いくた》の森、西は鵯越《ひよどりごえ》で後に有名になる須磨《すま》辺りで山が海に迫り、自然の要害地形を成していた。そのため、敵の侵入経路が限られ、多勢でなくても要所に兵を配すれば敵を防ぐことができた。

清盛の退隠の覚悟は相当なもので、六波羅にある清盛の邸宅・泉殿《いずみどの》を重盛に譲ると、その後も泉殿に足を向けた形跡はなく、記録上はっきりしているのは、治承二年（一一七八）に、娘の徳子が言仁《ときひと》親王（後の安徳帝）を出産した時くらいだった。

ここで見られるように、清盛にはけじめを重んじる謹厳実直な一面がある。「陰謀・史観」を排除すれば、清盛は常に筋目を大切にし、公明正大な立場から問題に対処している。そうした清盛のきまじめさが、重盛に対する気遣いとして、このような点にも表れてきているのだろう。

しかし「遁世退老」したとはいえ、清盛が政治への関与をやめたわけではなく、「大相国」として影響力を持ち続けたことも事実だ。これは院政華やかなりし頃、政権運営が実質的首長の「治天の君」と、形式的首長の天皇に分かれていたことに似ている。そうした意味からすれば、平家の氏長者としての重盛は尊重するものの、国家の実質的首長として、重大案件については、今後も決断し続けるつもりでいたのだろう。

また、平家が日宋貿易を独占することになった理由として、忠盛の時代から、平家一門が、西海や南海の海賊掃討にかかわってきたことが挙げられる。

すなわち日宋貿易といっても、実質は宋の商人たちが担っており、彼らは日本近海での安全な航行を期すため、それなりの武力を持った機関の庇護を希望した。しかもそれは有事に事後処理的に動く国家の軍隊ではなく、随時警戒に当たってくれる警備隊的軍隊だった。それゆえ宋側が、平家一門を貿易の窓口にしてほしいと願っていた可能性もある。

それでは、日宋貿易の詳細について見ていこう。

日宋貿易における輸入品と輸出品

日宋貿易における輸入品の第一は、唐銭《とうせん》や宋銭《そうせん》といった銅銭《どうせん》だった。当初は、こうした渡来銭を鋳直して別の用途に使うために、地金《じがね》としての銅が目当てだった。とくに経典を土中に埋納する時に使う経筒の原料に、よく用いられた（宋銭との成分比較によって近年明らかになった）。

だが清盛は宋の貿易商人たちから、「銭は蓄財しやすいので、民は仕事に精を出して生産性が上がる」という話を聞き込んだと思われる。

貨幣が流通する前の社会では、物々交換が基本だった。しかし農具の発達や治水などによって生産性が向上し、余剰作物が生まれる余地があっても、物々交換は相手の需要次第となる。ましてや保存がきかない物、例えば野菜や魚介類は腐らせてしまえば価値はゼロになる。つまり物々交換では、余剰作物を生み出そうというモチベーションがなかなか上がらないのだ。

ところが、半永久的に保存可能な銭なら話は違う。銭が普及することで、購買意欲がかき立てられ、蓄財意欲も湧く。つまり銭の普及により、民は仕事に精を出して生産性が向上するという好循環が生まれるのだ。

これには実例があり、銭の普及によって南宋の民のGDPは日本の十倍に達していた。日本がそのレベルに達するのは江戸時代になってからなので、南宋は驚異的な経済成長を遂げたことになる。その原動力が銭だったのだ。

南宋と言えば北方から起こった女真族の金に圧迫されているイメージが強いが、領土は縮小しても、実際は強大な経済力によって、民は豊かだったことになる。たとえ南宋が金の朝貢国になったとはいえ、経済力が金の淮河《わいが》以南への侵攻を押しとどめたとも言える。

かくして交換手段としての銭の利便性と経済の活性化という副次効果に気づいた清盛は、宋銭を国内に普及させようとする。

ここで問題なのは、貿易決済に国際通貨を使うのは仕方ないとしても、国内の交易には自国通貨を流通させるべきという点だ。しかし銅山の未開発による銅の不足、さらに鋳造技術が未発達な段階の日本では銅銭を大量生産することができず、ほぼ均一な品質の銅銭を大量に鋳造できる大陸国家に依存せねばならなかった。

こうした渡来銭への依存は室町幕府の時代まで足枷《あしかせ》となり、その輸入量が減少することで慢性的なデフレを生み、それが応仁の乱の遠因となったとさえ言われる。

輸入した銅銭は当初、貿易の決済手段として使われていたが、清盛は国内交易の決済手段としても使わせようとする。そのためには、政府が銭を大量に使うのが手っ取り早い。それゆえ人夫や官人の給与に銭を使ってみたが、物々交換はなかなか駆逐できない。これには、渡来銭の絶対量が不足しているという原因があった。

それでも畿内の一部の地域で銭が普及し始めるや、すぐに効果が出始めた。民は欲望を喚起され、これまで以上に仕事に励むようになる。南宋と同じことが日本でも起こったのだ。

こうした法則を清盛が、どこまで理解していたかは分からない。しかし結果的には、清盛の貿易振興策によって流通する銅銭量が徐々に増加し、生産性は向上していく。

これを見た清盛は、次の段階として銭の使用を法律によって促進しようとした。とは言っても強制的な方法ではなく、従来の法律に組み込もうとしたのだ。

古来、日本には「沽価法《こかほう》」という市場における公定価格（物品の換算率）を定めた法があった。例えば「米一斗五升は油一升」といった具合だ。清盛はこの「沽価法」に銭も加えようとした。

ところが九条兼実ら公家や権門寺院は、銭の普及によって彼らの収入の元になる米や絹の価値が下がったと思い込み、銭の普及を阻止しようとした。これにより「沽価法」への銭の導入は見送られるが、清盛は無理しなかった。おそらく宋人から「無理しなくても、銭の利便性に気づけば自然に普及する」と聞いていたに違いない。

かくして銭の「沽価法」への導入は見送られたが、反対勢力を陰で操っていたのが後白河院なのが明らかになり、清盛はその怒りから治承三年の政変に至ったという説もある。

いずれにせよ清盛の努力の成果が表れるのは、清盛の死後になってからだった。日宋貿易による銅銭の大量流入が、平家滅亡後の鎌倉時代の経済と商業の発展に大きな寄与をしていくことになる。皮肉なことに、清盛の銅銭導入策は、源氏政権および鎌倉幕府の安定に貢献したのだ。

銭以外の輸入品

それでは、銭以外の輸入品にも目を向けてみよう。

銅銭に次ぐ輸入品は織物と香薬《こうやく》だ。この二種は「唐物《からもの》」と呼ばれ、とくに公家社会で好まれた。公家たちは「唐錦《からにしき》はめでたきもの」として、とくに珍重した。香薬の産地は中国大陸ではなく東南アジアなので、日宋貿易が二国間の貿易ではなく、東南アジア通商圏の中で行われてきたことは明らかだ。

また『平家物語』では「揚州の金《こがね》、荊州《けいしゅう》の珠《たま》、呉郡《ごぐん》の綾、蜀江《しょくこう》の錦」などが、清盛の邸宅には溢れていたというが、こうした贅沢品や、富力を誇示するための威信財、また書籍や経典などの文化財も、輸入品の重要な一部を占めていた。

後に清盛が、高倉帝と安徳帝に贈ることになる一千巻から成る当代の大百科事典『太平御覧《たいへいぎょらん》』は（輸入できたのは三百巻）、日宋貿易における文化財輸入の象徴とも言うべきもので、自らの死後も、二人に貿易事業を担ってほしいという清盛の願いが込められていた。

一方の輸出品は、金、砂金、真珠、水銀、硫黄といったものが主だった。金や砂金は南宋の領土内で産出しないため、とくに喜ばれた。また硫黄は黒色火薬の原料に使われていた。南宋は金の圧迫を跳ね返すために、日本の火薬をあてにしていたことになる。

日本刀、蒔絵《まきえ》、螺鈿《らでん》、屏風《びょうぶ》、扇子などの武具や工芸品も海を渡った。日本の技術が当時の先進国の中国王朝をも驚かせていたことが、ここからうかがい知れる。

さらに杉、檜《ひのき》、松などの木材も重要な輸出品となっていた。当時の中国では、古代からのやみくもな伐採《ばっさい》により森林資源が枯渇《こかつ》し、日本の良質な木材は貴重品だった。

面白いのは、往路には銅銭が、帰路には木材が、船のバラストになったという点だ。

また、来航する宋船が増えるにつれ、清盛は私財を投じ、大輪田泊の防波堤施設として経島《きょうのしま》の構築を始めた。大輪田泊は、和田岬が手を伸ばすように横たわる西側の波浪には強かったが、東南は無防備だった。経島建設は、そこに人工島を造って防波堤の役割を担わせようという一大土木プロジェクトだった。

これはたいへんな難事業となり、人と自然との闘いになった。結局、経島は造っては壊されてを繰り返した。公卿をはじめとした周囲の者からは、人柱《ひとばしら》を立てて海神の許しを請おうという意見も出されたが、清盛はそれを一蹴し、一切経《いっさいきょう》の書かれた石を沈めるだけで、工事を竣工させた。

一切経とは仏典の総称だが、すべてを書き写すわけにもいかないので、様々な仏典の代表的経文《きょうもん》を書いた石を、いくつか沈めたのだろう。

このように清盛と平家は、日本沿岸から瀬戸内海の航行の安全を保障すると同時に、こうした港湾施設まで構築しており、それなりに自腹を切っていた。それゆえ平家が、日宋貿易の富を独占したと悪し様に言うのは的外れにあたる。政治力と財力、そしてノブレスオブリージュがあってこそ、日宋貿易の中心足り得たのだ。

嘉応《かおう》二年（一一七〇）九月には、清盛の誘いに応じて、後白河院が大輪田泊に下向し、宋人を引見《いんけん》している。これを聞いた右大臣・藤原兼実は、その日記『玉葉』に「延喜《えんぎ》以来、未曾有のことなり。天魔の所為《しょい》か」と記している。

延喜年間は、遣唐使が廃止された頃で、それから二百五十年余、皇族が異国人と相見えることはなかった。それというのも当時、異国は穢れていると考えられており、皇族の異国人との面談は禁忌となっていた。しかし二人は、それを軽々と破った。迷信に囚われない清盛の柔軟さと、中年になっても変わらない院の好奇心の強さの故だろう。

このエピソードからも分かるように、院は渡来品に関心を持ち、日宋貿易にもある程度、関与していたのではなかったかとされている。少なくともこの点において、院は清盛と意見の一致を見ていたようで、三月と十月に福原で行われる千僧供養《せんそうくよう》（海の安全を願う大法会《ほうえ》）に合わせて、大輪田泊や福原へも足繁《あししげ》く訪れている。

嘉応の強訴

この事件から清盛の死まで続く清盛と後白河院の対立を見るにつけ思うのは、人間関係の難しさだ。せめて相性が悪い、虫が好かぬといった程度なら、いくらでも双方は歩み寄れたはずだ。

ところが清盛は、院をはなから馬鹿にし、同格の人間として見ていなかった節がある。その根源には、清盛なりの正義があったので、なおさら事は厄介だ。もう少し清盛が悪人で、院を祭り上げるなり、適当に利用するなりといったことができれば、また別の関係もあり得たのかもしれないが、清盛は院を見下しており、その公明正大な心から、院を「治天の君」にふさわしくないと思い込んでいた。

確かに院は、若い頃までは今様にうつつを抜かす不覚人だったかもしれない。だが年を取るにしたがい、それなりに成長しており、中年以降はむしろ有能な王になっていた。しかし清盛は、当初の固定観念を払拭《ふっしょく》できず、その生涯を通じて院を見下し続けたのだ。

第一印象が固定観念化し、決して書き換えることがないのも、清盛の人格の特徴かもしれない。

しかし清盛ばかりを責められないのは、院自身も以下の事件に見られるように、わがままで感情的な一面を持ち続けた点にある。

嘉応元年（一一六九）六月、四十三歳となった後白河上皇は出家し、後白河法皇となった。四、五年前から出家の意思を固めていたというが、その生涯を通して熊野詣に執心した後白河院だ。この時代の人々に共通する信心深さから出家したもので、政治的な理由はないと思われる。しかしこの出家が一つの伏線となり、それを機に清盛との関係が冷え始める。

その事件とは、「嘉応の強訴」と呼ばれる延暦寺大衆《だいしゅ》による強訴のことだ。

嘉応元年も押し迫った頃、尾張国の目代が延暦寺領平野荘《ひらのしょう》の日吉神人《ひえじにん》と諍いを起こし、それが刃傷沙汰《にんじょうざた》に及んだことに、この事件は端を発する。どちらが悪いとも言えないような些細な諍いだったが、目代の言い分が全面的に認められ、朝廷（実質的には院庁）は神人三人を獄に下した。

こうした争いは喧嘩両成敗にしないと、問題が起こる。早速この裁定に不満を持つ延暦寺が抗議すると、朝廷は慌てて三人を解放した。情けないほど弱腰だが、当時の延暦寺の影響力は、われわれの想像も及ばぬほど大きかった。

ところが、弱みを見せれば付け入られるのが、人の世の常だ。

これに味をしめた延暦寺大衆は、事件を起こした目代の解官・下獄のみならず、その上司にあたる知行国主の藤原成親の解官・配流を求めてきた。大衆は、当初の裁定が成親の横車にあったと見ていたらしい。成親は後白河院のお気に入りで、さもありなんといったところだろう。

ちなみに成親は、平治の乱で藤原信頼、源師仲に次ぐ戦犯だったが、重盛の義兄という立場により赦免され、後白河院政の復活と同時に、院近臣に返り咲いていた。

大衆は内裏に押し入り、六基の神輿を据え、声を張り上げて鼓を叩き、その狼藉《ろうぜき》ぶりは前代未聞だったという。

実は、延暦寺で出家すると思い込んでいた後白河院が園城寺《おんじょうじ》で出家したことを、大衆は遺恨《いこん》にしており、それが遠因となっていた。これは名誉の問題だけでなく、皇族の出家が主幹事の寺院に多大なる利益をもたらしたからだ。

これに激怒した後白河院は、五百余の兵を率いてきた重盛に、大衆を内裏から追い出すよう三度にわたり命じたが、重盛は「夜間に兵を動かすと不測の事態が起こりかねないので、明朝にしましょう」と応じなかった。その後、朝になっても、兵を動かす気配はない。

何の抵抗もないと見るや、大衆の騒ぎは一段と激しくなった。内裏での強訴という前代未聞の事態に、やむなく院は、大衆の要求をすべてのむことにする。「成親は解官の上、備中国《びっちゅう》へ配流」の報が届くや、神輿を担いだ大衆は、喜んで延暦寺に帰っていった。

しかし事態が落ち着くと、院は決定を覆し、成親を赦免の上、延暦寺の首長にあたる天台座主・明雲《みょううん》を護持僧《ごじそう》（天皇の健康のために祈禱を行う僧）の座から解任し、さらに大衆の強訴を支持したとして、堂上流平氏の平時忠と同信範《のぶのり》を解官・流罪とした。

むろんこの裁定に大衆が黙っているはずはない。再度の強訴の準備に入っていると、翌嘉応二年（一一七〇）正月十七日、清盛の入京により再び裁定が覆り、時忠と信範はお咎めなし、明雲は護持僧復帰、一方の成親は元の通り、解官・配流となった。

結局、大衆の要求がすべて裁許《さいきょ》されることになり、後白河院の権威は失墜《しっつい》した。

清盛は延暦寺とは良好な関係を保っており、清盛自身、出家の折の戒師《かいし》を明雲に依頼している。個人的関係による身贔屓《みびいき》と言ってしまえばそれまでだが、二枚舌のような後白河院の身勝手さに、清盛が鉄槌《てっつい》を下したというあたりが真相だろう。

清盛の力なくして、朝廷は大衆の強訴さえ抑えられなくなっていた。というより重盛以下一門は、堂上平氏の時忠らも含めて、清盛の命なくして、院のために一兵たりとも動かすつもりはないことが、これではっきりした。

実は、重盛本人は穏健な人物で、本心から慎重論を唱えたのかもしれないが、最終的には、清盛の命があるまで兵を動かさなかったことになり、院にしてみれば頼りにならないことははなはだしい印象を持ったことだろう。

かくして強訴という意外な事件から、平家一門と後白河院との確執は始まる。そしていま一人、この事件で最も割を食った男がいた。藤原成親だ。これが後の鹿ケ谷事件の伏線となる。

殿下乗合事件《てんがののりあい》

『平家物語』などで見られる清盛像は傲岸不遜《ごうがんふそん》で傍若無人、まさに独裁者だ。一方の平家一門は「平家の公達《きんだち》」と呼ばれるほど公家化し、軟弱なことこの上ないイメージを持たれている。その中で一人だけ、一貫して「正義の人」として、肯定的に描かれている人物がいる。重盛である。

重盛は、『愚管抄』で、「いみじく心うるわしく（たいへん心がうるわしい）」と、『百練抄』で、「心操はなはだ穏やかなり」とたたえられており、確かに心優しく理性的な人物だったようだ。

厭世的なのもその特徴の一つで、健康上の理由から、官を辞して遁世したいという希望も強かったらしく（現に二度、官を辞している）、そうした現世欲のなさも重盛のキャラを引き立てている。

それでは、実際はどうだったのか。たいへん興味深いところだが、「実はそうじゃなかった」ということを証明する事件として、よく引き合いに出されるのが殿下乗合事件だ。

嘉応二年（一一七〇）七月三日、摂政の松殿基房の行列と平資盛《すけもり》の行列が遭遇《そうぐう》した。儀礼上、位階が下の資盛が道を譲らねばならないが、どうしたわけかそうしなかった。ちなみに重盛長男の維盛の母は「宮仕えの女官」だったという。一方、次男資盛の母は下総守・藤原親盛《ちかもり》の娘で、維盛の母と比べれば身分は高いものの、三男の清経の母が藤原成親の妹・経子《けいし》のため、定説では成親失脚前の重盛の嫡男は清経とされる。

話は戻るが、この時、摂関家の供の者たちは、この女車《おんなぐるま》に乗った者が誰だか分からず、その無礼を咎め、供の者に散々に恥辱を与えた。つまり暴力沙汰に及んだのだ。

驚いた基房が出てきた時は遅かった。女車から引き出されたのは何と資盛だった。驚き慌てた基房は陳謝し、すぐに重盛の許に使いを送り、「舎人《とねり》（牛車の牛飼い）と居《い》飼《かい》（厩舎係）を勘当《かんどう》（解雇）し、官に引き渡すので許してほしい」と懇願した。

しかし重盛は黙って二人を送り返してきた。致し方なく基房は前述の二人を検非違使に引き渡し、その場にいた供の者七人も勘当したが、重盛からは何も言ってこない。基房は恐ろしくて外出するのも嫌だった。公用で致し方なく外出しようとすれば、そこかしこに平家の武士が参集しているという報告が入り、その度に仕返しを恐れて引き返すことが繰り返された。

双方に疑心暗鬼が渦巻き、それが頂点に達した十月二十一日、天皇の元服定《げんぷくさだめ》を内裏で行うことになり、基房は勇を鼓して屋敷を出た。しかしそこを襲われ、供の者は馬から引きずり落とされ、髻《もとどり》を切られた。

この武者たちが、誰の命で動いていたのかは不明だ。清盛は福原におり、少年の資盛が独断で報復するとは考え難い。そこで重盛が犯人となるわけだが、「いみじく心うるわしく」と謳われた重盛が、果たしてそんな陰険な復讐をするだろうか。

実際に慈円は『愚管抄』の中で、重盛は「不可思議のことを一つしたりしなり」と記しており、当時の人々にも「まさか重盛が」という思いがあったのだろう。

重盛の肩を持つわけではないが、これは、重盛が知らぬ間に、家人が勝手に行ったことではないだろうか。それを責任感の強い重盛が自ら罪をかぶり（実際には沈黙している）、事を丸く収めたとも考えられる。

（2）解ける紐帯――悪化する院と清盛の関係

垂れ込める暗雲

安元二年（一一七六）、後白河院が五十歳を迎えた。

朝廷や公家社会は正月から祝賀一色で、三月まで様々な行事が行われた。歌舞音曲に彩られたその華麗なイベントの数々は、『愚管抄』に「希代の壮観」と記されるほどで、宴のクライマックスに披露された高倉帝の笛の調べに、聴く者の心は奪われたという。

この一連の祝宴には清盛を除く平家一門も列席し、清盛がおらずとも、その勢威が衰えていないことを周囲に示した。

祝宴の日々が終わると、建春門院を伴った院は有馬《ありま》温泉に湯治《とうじ》に出かけ、四月には比叡山に登り、天台宗の戒を受けた。

清盛の頸木《くびき》から逃れ、まさに幸せの絶頂にあった院だが、六月に建春門院が病を得ることで、すべては暗転する。

病状は坂道を転がり落ちるように悪化し、大小の社寺で様々な加持祈禱が行われるが、その甲斐もなく七月八日、建春門院は逝去した。享年は三十五だった。

院の嘆きはいかばかりか。

次第に疎遠になっていく院と平家の紐帯《ちゅうたい》となり、双方をつなぎ止めていたのが建春門院滋子だった。彼女が遠行《えんこう》することで、双方の関係悪化は避けられないことになる。

建春門院の死を契機に、院の関心が再び政治に向き始めた。自暴自棄に陥ったのか、院は露骨な院近臣の出頭を図るようになる。

さらに空席となった内大臣の座に藤原師長を据えた。この人物は保元の乱の主役の悪左府頼長の次男で、保元の乱で配流されて以来、長らく不遇をかこっていたが、長寛二年（一一六四）に従二位に復してからは、院近臣として頭角を現し、瞬く間に出頭を遂げていた。いわば院における反平家の切り札的存在だ。

内大臣には、重盛が就くのではないかと噂されていただけに、院が強硬姿勢を強めたのは明らかだった。

師長が内大臣になったため、空席となった大納言には、これまた院近臣の藤原成親が就いた。嘉応の強訴で失脚したはずの成親だが、院の意向で復帰が叶い、異例の昇進を遂げていた。成親も反平家では師長に負けていない。

そして成親が抜けた中納言の座には、源資賢《すけかた》が就いた。二条帝を呪詛した咎で応保二年（一一六二）に配流された資賢だが、院により長寛二年に召し返されていた。院近臣として、これ以後も暗躍し、解官《げかん》と召還《しょうかん》を繰り返す院の手足のような存在だ。

さらに十二月には、空席となった蔵人頭の座に、院近臣の藤原光能《みつよし》と同定能《さだよし》が就いた。蔵人頭は、企業における秘書室長と同じく独特の権力を持つ。

当初、この職は清盛四男の知盛に下されるというのが衆目の一致したところだったが、院は、さしたる功績のない光能と定能をその座に就けた。

知盛は清盛最愛の息子だった。院に従属的な重盛や、院に頭の上がらない宗盛と異なり、朝廷や院にもにらみの利く知盛こそ、次代の平家の切り札的存在で、蔵人頭に就任すれば、院の内情は清盛に筒抜けとなるはずだった。それを恐れた院が、知盛を遠ざけるのは当然だった。

かくして清盛の政治への関与が薄まるにつれ、院近臣・反平家という政治的立場にある人々が、主要な地位を独占しつつあった。こうした露骨な人事は、もしも建春門院が健在なら可能だっただろうか。院を諫められる唯一の人物の喪失は、院と清盛の間に走る亀裂を修復し難いほど大きくしていった。

一方、院の暴走に対し、平家の氏長者の重盛が、何らかの圧力をかけた形跡はない。

清盛と違って重盛は院や帝に従順で、政治的駆け引きを好まない一面があった。その点からすれば、重盛が必ずしも平家一門にとって有益だったとは言えず、そうした重盛の覇気のなさが、院と清盛の決定的対立を生むことにつながっていく。

かくして、後白河院の身贔屓な人事にも何ら反発を示さない平家に対し、院はさらに一歩、踏み込むことになる。

院の暴走とバランス感覚

露骨な贔屓人事と同時並行的に、院は清盛の神経を逆撫でするようなことをする。それは、平家締め出しの最後の仕上げになる帝位についてだった。

建春門院の死は、息子の高倉帝の立場を不安定なものとした。高倉帝はいまだ十七歳で、もちろん皇子もいない。このまま後白河院が何の手も打たなければ、二条帝の時と同様に、高倉帝の成長と共に権力が移行していくのは明らかで、そうなれば平家を排除して独裁的院政を敷くという院の野望は断たれる。

院としては、今のうちに手を打っておかないと手遅れになるという思いが強かった。

高倉帝に皇子でもできれば、帝位は平家を外戚とした皇統に持っていかれてしまうことになり、院は政治的にも平家に太刀打ちできなくなる（高倉の室は建礼門院徳子）。

その最初の一手として、院は自らの第九、第十皇子の二人を高倉帝の養子に据えている。ゆくゆくは皇太子に擁立し、どちらかに帝位を継がせる魂胆だったのだろう。

同時に二人というのも、どちらかが万が一早世した時のことを考えているようで、周到なこと極まりない。

当時は皇太子が擁立されることは極めてまれで、それがなされた場合には、譲位が秒読みに入ったことを意味する。

高倉帝が成人し、親政派のような派閥ができてしまえば、譲位を強行できても朝廷内にしこりが残り、かつて鳥羽院が、二十三歳の崇徳帝から三歳の近衛帝へ譲位させた時のように、遺恨から大乱に発展しかねない。それを未然に防ぐには、譲位を急ぎ、王家と平家との関係を断ち切らねばならなかった。

王家の家長の院は、自身が擁立した天皇に譲位を迫る権限を有していた。

実は、ここが難しいところで、公的には「一君万民思想」の下、たとえ実父の上皇や法皇とはいえ、天皇の臣下にすぎないという法的解釈がなされるのだが、現実には「やはり親父の方が偉い」ということで、「家父長」の権限が堂々とまかり通っていたのだ。

一方、静観を決めていた清盛だったが、後白河院の専横に堪忍袋の緒が切れそうになっていた。こんなことを許してしまえば、高倉帝が譲位してから建礼門院が皇子を出産しても、皇統を継ぐことができなくなり、「王家外戚の平家」という構想は瓦解する。清盛としては、「人が大人しくしていれば、つけ上がりやがって」といったところだったのだろう。

こうした院の独走に、清盛がいかなる手を打ったのかは定かではない。むろん重盛に氏長者の座を譲ったからには、表立って行動するわけにはいかない（後にはそうしているが）。そこで院と院近臣に対し、水面下で何らかの脅しをかけたものと思われる。院が独走を開始した三カ月後の安元三年（一一七七）正月、重盛が左大将に昇進、その空席を埋める形で宗盛が右大将の座に就いた。左右の近衛大将は天皇の親衛隊の役割を担う武官位の最高峰だが、この頃には武人の必要はなくなっており、何ら武力を持たない公家でも就くようになっていた。しかも太政・左・右といった大臣職に就くためには、慣習的に大納言と左右大将のどちらかを兼職することが前提条件となっており、その座は、院近臣にとり垂涎《すいえん》の的でもあった。

それを裏付けるかのように三月、大納言で左大将の重盛が内大臣に補任された（師長は太政大臣へ）。平家が大臣の座に就いたのは清盛に次いで二人目になる。院も賢くなり、やり過ぎを反省し、平家の中でも従順な重盛と宗盛を昇進させたのかもしれない。さらに藤原邦綱（清盛の懐刀）を大納言に、知盛を非参議の三位に就け、「私は平等です」といった姿勢を内外に示している。

蔵人頭選出の際にも、院は藤原成憲（信西の息子）と頼盛を中納言に就けており、それなりのバランス感覚は持っていた。

ところが、こうした院の微妙な舵取りを理解できず、すっかり右大将の座に就けると思い込んでいた者がいる。

藤原成親だ。かくして、鹿ケ谷への道は開かれた。

後白河院と比叡山大衆の確執

三月十四日、院は何食わぬ顔で福原に赴き、恒例の千僧供養に参加した。今回は建春門院の供養もあり、高位の公家や僧侶が大挙して福原に押し寄せた。これを見た京雀たちは、京からめぼしい僧がいなくなったと嘆くほどだった。

おそらく院と清盛は福原で面談したと思われる。共に建春門院の菩提《ぼだい》を弔うことにより、互いの胸内《むなうち》に育ちつつあった疑心暗鬼も、ある程度は晴れたと思われる。

ところが同月二十三日、帰洛した法皇を待っていたのは、またしても延暦寺の大衆だった。大衆は加賀国目代の藤原師経《もろつね》の配流を要求してきたが、これも前回の尾張国での諍いと同様、些細なことから延暦寺の末寺と目代が対立し、目代が武力に訴えたことが原因だった。この時は明らかに目代の師経に非があったらしく、翌日早々に配流が決まった。

ところがそうなったらそうなったで、要求をエスカレートさせるのが延暦寺大衆の手口だ。続いて大衆は加賀守の藤原師高《もろたか》（師経の兄）の解任を要求し、四月十二日、比叡山を下りて強訴に至った。目代の指名責任が師高にあるというのだ。

師高・師経兄弟の父は院近臣の西光《さいこう》といい、院近臣内に隠然たる勢力を持っていた。ここまでくると西光が黙っていない。

西光は出家前の名を師光《もろみつ》といい、元は阿波《あわ》の在庁官人だったが、信西の私郎従として最後まで付き従い、信西の死と共に出家し、その忠節を認められて院の寵臣となっていた。院は西光を成親の父・家成《いえしげ》の養子とし、家格を向上させるほどの熱の入れようだった。つまり西光は成親の義弟ということになる。

十三日、里内裏の閑院御所突入を企む大衆に対し、院側はそれを阻止すべく諸門に兵を配した。この時、三種の神器の一つの神鏡《しんきょう》を安置する内侍所《ないしどころ》の警固を、清盛の命がないことを理由に経盛が拒否したため、源頼政が代わって派遣される一幕があった。院に比較的忠実な重盛や宗盛ならいざ知らず、経盛らは清盛の命があるまで兵を動かさない姿勢を貫くようになっていた。これを重盛が咎めた形跡はなく、平家一門内の命令系統は、ばらばらになりつつあった。

重盛勢の前で気勢を上げた大衆だったが、やはり戦闘はまずいと思ったのか、突入をあきらめ、重盛の守る正門前で派手なデモンストレーションを展開した。中には石礫《いしつぶて》を投じ、逆茂木《さかもぎ》を抜いて威嚇《いかく》する者もいたという。ところがそこに矢が射掛けられ、死傷者が出た上、矢の一本が神輿の一つに命中した。

驚いた大衆は延暦寺に逃げ戻ったが、その後に猛然と抗議したため、院側も折れ、師高を尾張に配流し、矢を射た重盛の私郎従を獄に下した。

またしても延暦寺の前に屈した院は無念の思いを抱いていたが、その院をさらに落胆させる事件が起こる。「安元の大火」、別名「太郎焼亡」と呼ばれる大火災だ。

二十八日、五条東端辺りで起こった火災が、折からの南東風に煽られ、京洛の地を炎で覆い尽くした。大極殿《だいごくでん》をはじめとした内裏の主要建築物、関白以下十三人の公卿屋敷、そして六波羅の重盛邸までもが灰燼《かいじん》に帰した。

また翌年には、七条東洞院《ひがしとういん》から朱雀大路《すざくおおじ》までの最も繁華だった人口密集地帯を襲った「次郎焼亡」も起こり、都は荒れ果てた。

その被害に人々が呆然とする五月一日、中宮庁に賊が押し入り、宝物《ほうもつ》を略奪した。

中宮庁の警固は経盛が担っていたが、この時は不在だった。いくら大火の後とはいえ、そのやる気のなさは歴然だ。

延暦寺による屈辱、大火による被害、宝物の喪失、さらに経盛ら一部平家の不遜な態度に、院も堪忍袋の緒を切った。背後で西光や成親が、院を後押ししていたのは言うまでもない。

延暦寺攻撃の命が下る

突如として強硬姿勢に転じた院は、安元三年（一一七七）五月五日、延暦寺の首長の天台座主・明雲を謀叛罪で捕え、座主を解官した上、所領三十九カ所を没収すると、激しい拷問を加えた上で伊豆への配流を決定した。

この時、拷問に当たったのが検非違使の平兼隆《かねたか》だった。彼はその残忍な性格の故か、ひどい拷問を加えたという。この兼隆こそ、後に頼朝により最初の血祭に上げられる伊豆目代・山木兼隆のことだ。伊勢平氏庶流の兼隆が、清盛と良好な関係を保つ天台座主を、どのような理由から拷問したのかは不明だが、後に事が落着した後、伊豆に左遷された兼隆は、頼朝に最初の功名を挙げさせるという歴史的役割を果たす。

いずれにせよ宗教界の最高位にある天台座主を拷問し、配流に処すなど前代未聞で、院と延暦寺の対立は決定的となった。

それでも延暦寺は、穏健派が間に立って明雲の罪を許すことを条件に歩み寄りを示したが、院はこれを拒否し、決裂は明らかとなった。

早速、大衆は配流の途次にある明雲を勢多橋の西で奪回した。しかもこれは、連行を仰せ付けられた伊豆の知行国主・源頼政が、大衆に明雲を明け渡したことが明らかとなり、院は頼政に不審を抱き、延暦寺攻撃を重盛に命じた。

平家の息のかかっていない唯一の武力だった頼政からも見放された院が、その威信を守るために、平家に頼るしかなくなるという皮肉な事態が生じたのだ。

ところが重盛は、またぞろ清盛の命なくして兵は動かせぬと言い張る。実際そうだったのか、穏健な重盛が延暦寺と事を構えたくなかったのかは分からない。

こうしたことから同月二十八日、院の召しに応じて福原から駆けつけた清盛は、あらためて院から延暦寺攻撃を命じられる。

清盛は不満をあらわにしたが、延暦寺が院宣《いんぜん》に背いたのは明らかなので、これは常の強訴と違い、法的には謀叛と言っても差し支えないものだった。

法の護持者《ごじしゃ》たる清盛は、結局、延暦寺攻撃を承諾せざるを得なかった。ただし清盛が、どこまで本気で延暦寺を攻めようとしていたかは不明だ。おそらく武力をちらつかせて和談に応じ、双方の顔が立つような調停を図るつもりだったのではあるまいか。

しかし院は、平家の統制下にない近江、美濃、越前等諸国衙の守備兵（駆り武者）を招集し、断固たる態度で延暦寺攻撃を命じた。彼らが院の命じるままに攻撃を開始すれば、平家も拱手《きょうしゅ》傍観しているわけにはいかず、院を選ぶか延暦寺を選ぶかで、清盛は窮地に追い込まれるはずだった。ところが事態は急展開を見せる。

第四章　清盛の夢と挫折

（1）謀略の誤算――くすぶり続ける反逆の火

鹿ケ谷の陰謀

いつの時代にも、いかなる組織にも風見鶏のような人間はいる。この時代の代表は、何と言っても摂津源氏の多田行綱《ゆきつな》だろう。この男は、後白河院の北面の武士としてキャリアをスタートさせ、蔵人や伯耆守を歴任した院のお気に入りの一人だった。その行綱が、密告者として清盛の許を訪れたのは五月も押し迫った頃だった。

以下は『平家物語』で語られるたいへん有名な話になる。

草深い東山の山麓、鹿ケ谷の地に、法勝寺執行《ほうしょうじしぎょう》・俊寛《しゅんかん》の別邸があった。ある夜、そこに後白河院とその近臣が集まり、平家打倒の密議をこらしていた。それは密議というにはほど遠く、飲めや歌えやの宴席だったという。

その最中、成親が立ち上がった拍子に瓶子《へいじ》（酒を注ぐ小さな壺）が倒れ、それを見た成親が「平氏が倒れた」と騒ぎ、さらに口縁部《こうえんぶ》を折った上、「平氏の首が落ちた」と喜んだ。

その宴席に連なっていた行綱は、この様に呆れ果て、彼らを見限り、この密議を清盛に密告したというのだ。

六月一日、清盛が動いた。

早速、西光を捕えた清盛は、激しい拷問の末、自白を得るや、取り調べもそこそこに即座に処刑した。同時に成親も捕え、翌日には配流と決した。重盛の義兄でも、平治の乱に続く二度目の裏切りを、清盛が許すはずがなかった。

この時、重盛は成親の身柄の保護を嘆願し、清盛が聞き入れないと知るや、院に命を出してもらい、成親の身柄を確保しようとした。しかし自らの保身に汲々《きゅうきゅう》としている院は、あっさりと成親を見捨てたため、成親は二日、配流先の備前に向けて出発させられた。その後、備前で拷問の日々を送った成親は、一切の食物を与えられず、七月九日に餓死した。

六月五日、自らの嘆願が受け入れられなかった重盛は、内大臣と兼官していた左大将の座を辞した。武門の最高位を降りたということは、父清盛への抗議の意味があったのだろう。

このほかにも院近臣の多くが捕縛された。俊寛、藤原成経《なりつね》（成親の子）、平康頼《やすより》（平保盛の家人）の三人は薩摩《さつま》国の鬼界島《きかいがじま》（現在の喜界島）に流された。

その後、成経と康頼の二人は赦免されたが、俊寛だけは遂に許されず、そこで生涯を閉じたことはあまりに有名な話だ。その哀切極まる物語は『平家物語』などを読んでいただきたい。

五日、延暦寺の元座主・明雲が赦免され、六日には、院と延暦寺の軋轢《あつれき》の原因を作った西光の二人の息子、藤原師高・師経兄弟が処刑された。清盛は強訴事件と鹿ケ谷事件を関連付けて考えていたのだ。

以上が事件の顚末《てんまつ》だが、違和感を覚えた方も多いのではないだろうか。

それについて検証する前に、「風見鶏」行綱のその後について触れねばなるまい。

清盛に癒着し、驕る平家と共に栄華の日々を送っていた行綱だったが、風向きが変わり、平家が都落ちする段になると、一転して木曾義仲に与し、義仲が劣勢となるや義経に接近、さらに義経の没落に際しては、これを攻撃するといった浅ましいまでの転身を繰り返す。しかし、そのあまりの見苦しさに、頼朝は所領を取り上げて追放したという。以後、行綱とその子孫は歴史から消える。

陰謀の捏造

「陰謀史観」は小説家の悪い癖と断じた手前、またしてもそれを持ち出すのは、間が悪いのだが、私にはどうしてもこの事件が腑《ふ》に落ちない。

まず、あまりにタイミングがいい。院から延暦寺攻撃を命じられ、渋々了承したものの、清盛は躊躇《ちゅうちょ》していた。できれば和談を仲介し、事を丸く収めようとしていたに違いない。しかし院は、事情の分かっていない近江、美濃、越前の武士を召し出し、平家に先駆けて戦端を切らせようとした。彼らは空気が読めておらず、院の命とあれば、恩賞目当てに進んで攻撃を開始したはずだ。

そうなれば平家も参戦するしかなくなる。なぜかと言えば、召し出された武士だけでは、万余の大衆を擁する延暦寺の掃討など覚束ないのは明らかで、彼らだけを戦わせて見殺しにすれば、武家社会における平家の信用が失墜するからだ。

この院の一手は清盛の予想していなかったことらしく、清盛は常に見下していた院に一本取られたことになる。

明日にも攻撃が始まろうとしている矢先、清盛は一計を案じた。それが陰謀計画の捏造《ねつぞう》だった。

一方、延暦寺に対して激怒している院が、鹿ケ谷で平家を倒す陰謀をめぐらせているのも不思議だ。これまでの行状で分かる通り、院は短気な上に直情径行でヒステリックな一面がある。その院が、表面的には延暦寺に対する怒りをぶちまけつつも、裏で清盛を討とうなどとするだろうか。院がそこまで策士とは思えない。

また、その陰謀がどのような計画だったのか、全く分からない点も疑問だ。

全軍を率いてやってきた清盛に付け入る隙などあるはずもなく、何らかの方法で清盛を謀殺できても、重盛以下の平家一門が健在な限り、院側に勝ち目はない。味方となるべき摂津源氏の多田行綱はリスクを取らない人物だし（現に裏切っている）、この頃の源頼政には、平家に対抗する覇気も実力もない。となれば、院の頼るべき武力はない。

最もあり得そうな真相は、清盛が陰謀を捏造したのではなく、酒宴の最中の戯言《ざれごと》を陰謀と拡大解釈した行綱が、褒美ほしさに清盛に注進に及び、延暦寺を攻めるか否かで進退に窮していた清盛が、「渡りに舟」とばかりに陰謀と決めつけたのではないだろうか。そうなれば、延暦寺攻撃をうやむやにできると同時に、反平家勢力を壊滅させられる。しかし、この一連の処刑や配流は、いかなる法的根拠があったのだろうか。あまりの手際のよさに驚くばかりだが、実は、これらはすべて清盛の一存でなされた私刑だった。

当時の社会で、こうした「自力救済」という武士の論理さながらの実力行使が、院近臣といった高位の公卿に対して行われた例《ためし》はなく、高位にある人々を震撼《しんかん》させた。しかも「死人に口なし」という言葉があるように、首謀者は即刻処刑ないしは配流先で処刑という、一切の抗弁を封じる手が使われている。

律令制による文治《ぶんじ》の時代は終わり、実力だけが頼りの武士の時代が始まったのだ。

しかしこの時、清盛は法皇を幽閉するなどの挙には出なかった。

ただ一言、院の背に白刃《はくじん》を突きつけるがごとく、清盛は「是《これ》は偏《ひとえ》に世のため君のために候、我が身のためは次のことにて候」と言い残し、福原に向けて去っていった。

成親と西光という左右の腕をもがれた格好の院は、ただただ茫然とするしかなかった。かくして、いよいよ平家独裁時代が幕を開けた。

安徳帝の誕生

治承二年（一一七八）十一月十二日、栄華を極める平家一門に、さらなる幸福が舞い降りた。高倉帝と建礼門院の間に皇子（後の安徳帝）が誕生したのだ。

無事な出産を確かめた清盛はいったん福原に戻ったが、二十六日に再び入洛《じゅらく》すると、皇子を立太子するよう朝廷に働きかけている。齢《よわい》六十を超えた清盛は、一日でも早く天皇の外祖父の地位を確立したいと願っていたに違いない。

実は、二、三歳で立太子された皇子は早世するという前例が多く、幼児の場合、一歳か四歳が、立太子にはいいという迷信があった。

一歳以下で立太子されたのは、これまで清和、冷泉《れいぜい》、鳥羽、近衛の四帝だけだが、いずれの帝も、それほど長命でもなく、安定した政権を築けたわけでもない。しかし、二、三歳で立太子した皇子が軒並み早世しているので、背に腹は代えられず、清盛は一歳での立太子に踏み切ろうとしたのだろう。

おそらく、興奮冷めやらぬままに福原に戻った清盛は、そのことを思い出したか、知恵者に耳打ちされたかにより、都にとんぼ返りし、立太子を急がせたというのが真相だろう。

皇子誕生により、清盛の次世代構想も固まりつつあった。そして子々孫々まで平家の繁栄が続くよう、目の黒いうちに手を打っておくことが、自らの使命だと思うようになっていく。

清盛の要請に対し、院は唯々諾々《いいだくだく》と指示に従い、前例のない誕生月の翌月の立太子を認めた。院にとっても、自らの血脈の皇統が安定することにつながるので、反対する理由はなかった。

皇子は言仁《ときひと》親王と名付けられ、十二月十五日、立太子の儀が華々しく挙行された。

同月二十五日には人事が刷新《さっしん》されたが、まれに見る派手なご祝儀人事となった。

まず関係のよくなかった関白基房を慰撫《いぶ》するがごとく、清盛は基房の息子の師家《もろいえ》を従四位上に引き上げている。また基房の異母弟・兼実嫡男の良通《よしみち》は十二歳で従三位に叙された。これには前例がなく、兼実の喜びもひとしおで、「稀有の中の稀有なり」と興奮して日記『玉葉』に記している。

これらの人事は、清盛が摂関家との関係改善を図ろうとした証左でもある。

また、源頼政を源氏としては前例のない従三位に叙したことも異例だった。これまで源氏の最高位は正四位下で、正四位上を飛び越し、二階級の特進となった（正四位上は飛ばすのが慣例だが）。

頼政は唯一の源氏として長年にわたり平家に背かず、朝廷や院庁の便利屋のごとく働いてきた信用と実績があった。清盛には、それに報いたいという気持ちがあったのかもしれない。頼政は齢七十五で、重い病に冒されているという噂もあり、これが花道を飾るプレゼントとなるはずだった。

そこには、高所から源氏を見下ろす天下人・清盛の視線があることを忘れてはならない。後年、これが清盛のとんでもない見込み違いとなるのだから、人というのは面白い。あまりに高い雲の上に上ってしまうと、今まで見えていたものも、見えなくなってしまうものなのだろうか。

かくして前年とは打って変わり、治承二年は幸福に包まれた年となった。この穏やかな日々の先に待つものが何なのか、誰も想像だにしていなかったに違いない。

重盛の死

明けて治承三年（一一七九）は、一転して平家に不幸が襲う年となる。

三月には、重盛が前年の左大将辞任に続き内大臣を辞職する。かねてからの持病が悪化したというのが表向きの理由だが、それが真実だとしても、清盛への抗議の意味が多分にあったのは間違いない。

二月、歩行もままならないにもかかわらず、重盛は熊野詣を強行して「後世」を祈った。しかし、その途次に吐血と「不食《ふじき》」となっている。

「後世」とは次世代のことではなく、「後生《ごしょう》」つまり死後の生のことだ。また「不食」とは食べ物を受け付けないことを言う。

重盛の病気は、胃潰瘍《いかいよう》、背中にできた腫瘍《しゅよう》、脚気のいずれかとされるが、最近では、食欲不振や頻繁な失神という症状から脚気説が有力となりつつある。栄養学の進んでいない当時は、食の偏《かたよ》りから脚気で病死することがたいへん多かった。

鹿ケ谷事件による院近臣勢力の壊滅、さらに院との修復し難い決裂は、常に院の立場を重んじ、院と清盛の融和に努めてきた重盛に、大きな失望と落胆をもたらした。自らがライフワークと信じ、懸命に取り組んできたことが水泡《すいほう》と帰したのだ。もはや重盛には一門の繁栄などどうでもよかったのだろう。それゆえ最後になった熊野詣で祈ったことも、「一門と子々孫々の繁栄」ではなく自らの「後世」となったのではないだろうか。

また、これほど重盛が責任を感じ、落ち込むのも至って奇異なことだ。鹿ケ谷事件が実際に院近臣の陰謀だったとしたら、罰を受けた者たちに責任が全くないわけではない。しかし重盛が、あたかも自責の念に駆られるように、ここまで生きる気力をなくすとなると、どうしても父清盛の罪業《ざいごう》の深さに、おののいていたのではないかと想像を働かせてしまう。

つまり鹿ケ谷事件は、やはり捏造されたのではないかということになる。

『平家物語』における「穏やかな平和主義者」という重盛像を否定されることが多い昨今だが、私は必ずしもそうは思わない。しかしさほどの根拠もなく「重盛もしょせん悪人」と言い切るのはどうだろうか。

類似の好例として、明智光秀と延暦寺焼き打ち事件が挙げられる。最近では、「光秀は率先して延暦寺の焼き打ちを行った」から転じて「実は光秀も悪人だった」というのが定説となりつつあるが、その根拠となる古文書自体は、いかようにも解釈でき、たとえそれが解釈通りだとしても、独裁社長の信長の命に、外様の光秀が逆らえるだろうか。

組織人なら、意にそぐわないことでも上司の命に従わねばならないのは当たり前で、組織社会で生きる光秀にとって、不安定な己の立場を考えれば（光秀は中途採用者）、「比叡山焼き打ち命令」に唯々諾々と従うのは、仕方がなかったのではあるまいか。

同様に、平家の氏長者の重盛だが、実権を握っているのは清盛なので、すべてを自由に裁量できるわけではない。そうした重荷や罪悪感から、熊野詣によって罪業を洗い清めたいと思ったのではないだろうか。

さて、熊野詣を何とか終わらせた重盛は帰洛すると出家し、「年来の素懐《そかい》、障《さわ》りなく遂げおはんぬ。喜悦《きえつ》きはまりなし（長らく望んでいたことが叶い、これほどうれしいことはない）」と喜んでいたという。

『愚管抄』によると、重盛は清盛に謀叛の心（院を無力化することか）があると知り、日頃から「とく死なばや（早く死にたい）」と漏らしていたという。

七月二十九日、「心うるはしき人」重盛はこの世を去る。

平家と院の紐帯となっていた建春門院に続く重盛の死は、天が平家と院を決裂させようと画策しているようにも感じられる。

重盛の後継、すなわち平家の氏長者の地位には、清盛三男の宗盛が就いた。母親の血筋からすれば、元々、宗盛が継ぐのが順当で、清盛からすれば当然の措置だっただろう。これにより重盛の家は、小松殿一門ないしは小松家と呼ばれ、微妙な立ち位置に置かれることになる。

後白河院の巻き返し

六月十七日、重盛の死より一足早く、関白基実の許に嫁いでいた清盛の娘の盛子がこの世を去った。

すでに記したように、夫の基実に先立たれ、後家となった盛子は摂関家領の大半を相続していたが、享年二十四というその早すぎる死は、平家の安定的収入源だった摂関家領の帰属を不安定なものとした。

彼女の死について、右大臣・藤原兼実などは『玉葉』の中で、「異姓の身で藤原氏の所領を横領したので、春日大明神の神罰が下った」と辛辣《しんらつ》に評しているが、重要なのはその遺領の行方だ。

荘園の所有者にあたる盛子の死は、あまりにタイミングが悪かった。清盛は翌年から始まる大輪田泊の改修計画に没頭し、一方の重盛は死の床に就いており、平家家中に権力の空白が生まれていた。

公家社会では、盛子の遺領を高倉帝の後院領とするのが妥当と見ていたようだが、あにはからんや、後白河院が「皆悉《ことごと》く内《うち》の御沙汰（天皇家の荘園となるという意）」として、実質的領有権を奪取したのだ。これは院が正式な所有主となったわけではなく、あくまで所有者は天皇家なのだが、院近臣の藤原兼盛《かねもり》が摂関家領の年貢を管理することになり、実質的な領有権は、院が有することになる。

平家の権力が空白となった間隙《かんげき》を突き、院は見事に一矢《いっし》報いたのだ。盛子の死は平家にとっては最悪のタイミングで、院にとってはまたとない好機到来となった。

院は基実の異母弟・基房と結託しており、その息子で八歳の師家に摂関家を相続させるべく、かねてより画策していた。その布石として摂関家領を院が保持し、将来的には師家に相続させることで、二人は示し合わせていたと思われる。

一方の清盛は、清盛の娘・寛子を室とする二十歳の基通（基実と盛子の遺児）に相続させるつもりでいたため、衝突は必至となった。

しかも、この少し後の十月の人事では、院は師家を従三位権中納言に叙しており、その座に就くと目されていた従二位右中将・基通は、元の地位に据え置かれた。清盛―基実（故人）―基通に対抗する、後白河院―基房―師家という対立軸が輪郭を帯びて浮かび上がってきた。

平家の猛威の前に大人しくしていたかに見える基房だったが、摂関家領を平家に横領された挙句、「殿下乗合事件」で屈辱を味わわされた恨みを忘れてはいなかった。

一方、清盛は最も愛していたと言われる娘の盛子の死を嘆き悲しむ暇もなく、重盛が死去し、平家の次代構想を練り直さねばならなくなった。

清盛が茫然自失《ぼうぜんじしつ》としている隙を突き、またしても院が一手を打った。重盛はじめ小松一門が、仁安元年（一一六六）から重盛の死まで務めていた越前国の知行国主の座を取り上げ、院近臣の藤原季能《すえよし》に与えたのだ。

院に忠実だった重盛に対し、院が何らの同情も示していなかったことが、これで明らかとなった。

なぜ院が、ここまで清盛の気持ちを逆撫ですることを続けたのかは定かではない。この後の経過を知るわれわれからしてみれば、自殺行為以外の何物でもない。院は清盛の厳しさを十分に知っているはずで、甘く見ていたとも思えない。

唯一考えられるのは、今の清盛は政治への関心を失い、自らに干渉しないと思い込んでいたということだ。しかし平家の既得権益を冒すことで、その存立基盤を揺るがすことは、寝ている獅子を起こすに等しいことだろう。

おそらく、周りからおだてられると調子に乗りやすい院本来の性格が原因だと思われるが、だからと言って、息子と息女を失って悲嘆にくれる清盛に対し、二人のかかわった権益を奪うなど、挑発行為以外の何物でもない。

どうも院には、人間が誰しも持っている共感性が欠落していたとしか思えない。

しかし院はまだしも、ここまで隠忍自重《いんにんじちょう》していた基房ら院近臣が、こんな自殺行為に加担したことが分からない。彼らは院を諫められる立場にあり、しかも無能ではなかったと思われるので、何らかの勝算があったと思われる。

『百練抄』には、院と基房の間に「平家党類」を滅ぼそうという密謀があったというが、もし平家を政界から締め出すのなら、こんな児戯《じぎ》にも等しい嫌がらせではなく、後に以仁王《もちひとおう》が行ったように、ひそかに諸国に綸旨を発し、平家追討の機運を盛り上げることが先決だと思うのだが。

百歩譲って、清盛を挑発し、福原から押しかけてきたところを迎撃するという手もあるが、武力に乏しい院にとって、全く勝ち目のない戦いになっただろう。

唯一、考えられるのは、清盛が政治的な解決を図るべく、軍勢を率いずに上洛したところを、本能寺の変のごとく襲撃させることだ。

しかし、もしそれが成功したとしても、宗盛をはじめとした一門はどうするのか。この頃、宗盛は兄妹の死を悼んで厳島参詣に出発しており、京を不在にしている。また、知盛、経盛、教盛は、延暦寺の内訌を収めるために近江まで出陣しており、こちらも京にはいない。しかも彼らは軍勢を率いているだけに、後で討つにしても厄介この上ない。つまり本能寺の変における羽柴秀吉や柴田勝家のようなものだ。

本能寺の変が成功裏に終わったのは、信長のみならず信忠をも殺せたからで、もし信忠を逃していたら、後世の史家から成功とは評されなかっただろう。

院は、清盛を殺すと同時に宗盛と知盛だけでも殺さねばならず（彼ら二人と重衡が正室腹のため）、それができなければ、諸国の武士を京に集めるしか勝ち目はない。しかし院と基房らが、そこまで周到な策を練った形跡はない。

治承三年の政変

十一月十四日、遂に鉄槌は下された。数千騎を率いた清盛が福原から上洛した。厳島詣の途次に呼び戻された宗盛と重衡も一緒だ。

平治の乱以来の内裏近辺での合戦は必至の情勢となり、上は公家から下は庶民に至るまで、荷車に家財を積み込み、右往左往する者が街路に溢れていたという。しかし冷静になって考えれば、いったい誰が清盛と戦おうというのか。

予想に違わず、上洛した清盛は、何ら抵抗を受けずに八条殿と呼ばれる清盛邸に入った。

翌十五日、早々に基房・師家父子が解任され、それに代わるように、清盛の娘婿の基通が関白・内大臣・摂関家の氏長者に任命された。

基房は大宰府権帥に左遷（事実上の配流）されたが、出家して許しを請うたため、大宰府に赴くことなく、藤原邦綱が知行国主を務める備前国に配流され、その監視下に置かれた。

十六日、八条殿に中宮（建礼門院徳子）と東宮（言仁親王、後の安徳帝）を移座した清盛は、重衡を内裏に遣わし、「中宮と東宮を連れて辺地《へんち》（福原）に隠居する」と、後白河院と高倉帝に伝えさせた。

これに震え上がった院は、「今後、一切、政治に関与せぬ」と詫びを入れ、事実上の院政の停止を宣言した。

十七日には、太政大臣の藤原師長、大納言の源資賢をはじめとした三十九名の反平家派公家ないしは中立派公家が解官・追放された。保元の乱に続き、再び失脚させられた師長は尾張国で出家し、そのまま政界から去っていった。

解官された者の中には頼盛も含まれており、彼は「もう弓箭《きゆうせん》の道は捨てます」と宣言し、無条件降伏したので、権中納言の座は据え置かれた。以降、頼盛の家は公家化を強めていくことになる。

続いて清盛は、解官により空席となった知行国を、平家一門とその与党や郎従に与えていった。これにより平家一門の知行国は、九カ国から十九カ国へ、与党や郎従を含めると実に十七カ国から三十二カ国へと、おおよそ倍増している。しかも、そのほとんどが熟国で、日本国の大半が平家一門を含む平氏の手に帰したと言っても過言ではなかった。

こうした人事は除目と呼ばれる天皇の専権事項だが、高倉帝が清盛に逆らうはずはなく、すべて清盛の意のままに進んでいった。

そして二十日、清盛は最後の仕上げとして、後白河院を鳥羽殿と呼ばれる天皇家の墓所に併設された離宮に幽閉した。

鳥羽殿とはその名の通り、かつて鳥羽上皇が院政の指揮を執った場所だったが、この頃はかなり寂れていたようだ。

鳥羽殿の守衛を、成憲をはじめとした信西の三人の子らに任せた清盛は、悠然と京の地を後にした。

しかし惨劇は、これで終わったわけではなかった。

同日、京を後にした清盛は、鳥羽院に近い木津川河畔に篝《かがり》を焚かせると、院のために走り回った下位の公家や近習を一斉に処刑、その首を川中に投じさせたのだ。

清盛が福原に去った後も、後を任された宗盛による恐怖政治は続いた。

翌二十一日、召し出しを受けた検非違使の大江遠業《とおなり》は出頭せず、自宅に火を放ち、子息ともども自殺して果てた。

二十四日には、院近臣として、院の手足となって走り回った藤原為行《ためゆき》と為保《ためやす》が処刑され、院により摂関家領の管理を任されていた藤原兼盛は、片手の手首を切断されるという厳罰に処されている。

これにより表向きは、十九歳の高倉帝による親政を二十歳の関白・基通が補佐するという政治体制が発足した。だが実質的には、宗盛が清盛の意向を確かめつつ政権を担うという体制になる。いずれにしても、高倉帝、基通、宗盛の三人には、政治の知識も経験も、不足しているのは言うまでもない。

かくして清盛の独裁体制が確立した。

武力による王権の否定という前代未聞の難事を、清盛は軽々と成し遂げた。これ以降、武士の力が急速に伸びるのと反比例するように、朝廷や公家の権威は衰退の一途をたどる。

この治承三年の政変なくして、武士の時代は到来しただろうか。お隣の中国・朝鮮両王朝の軍隊が、いつまでもシビリアン・コントロール下に置かれていたことを思うと、清盛の成したことは、武士にとって偉業だった。

分かりやすく言えば、実力主義を世界で初めて実践した男こそ、清盛だったと言っても過言ではないだろう。

むろん武士の組織化を成し遂げたという点では、後の鎌倉幕府こそ嚆矢《こうし》だが、武士の時代を到来させた偉業は清盛のものだろう。

この政変により、もはや平家に敵はいないはずだった。ここまで爪を隠していた唯一の皇族を除いて。

(2) 孤立する独裁者――強引な福原遷都の功罪

安徳帝の即位

重盛の死により政治の表舞台に押し出されたのが宗盛だった。この人物に限っては、飛び出したとか登場したというより、押し出されたという表現がしっくりくる。清盛の子に生まれたことを、この男は重盛以上に嘆いていたはずだ。

久安三年(一一四七)生まれの宗盛は三十三歳という脂の乗り切った年齢ながら、消極的な人間で、とても天下を切り回せる人材ではなかった。

重盛には調整役の才があり、自分から清盛と院の間を取り持とうとしていたが、宗盛は清盛に何か命じられれば、それに従い、院に文句を付けられれば、その実現に奔走するといった、人と人の間にはまって途方に暮れる人の典型だからだ。

十二月八日、再び清盛が上洛した。この上洛は言仁親王の即位までの道のりを具体化させるためで、その第一弾として、翌九日に言仁親王の垂髪《すいはつ》の儀が行われた。

かくして正月には着袴《ちゃっこ》の儀を行い、二月に高倉帝に譲位させ、四月に新帝を即位させるという行程表がはっきりと示された。

孫というのは誰にとってもかわいいものらしく、十六日に八条殿の清盛邸を訪れた三歳の言仁親王を、終日あやし続けた六十一歳の清盛は、言仁親王が指で障子に穴を開けると、感涙《かんるい》に咽《むせ》びながら、その障子を蔵に保存するよう命じたという（『山槐記』）。

本来なら、この障子こそ平家外戚王朝発足の記念として、子々孫々まで伝えられるべき宝物となったことだろう。

またこの日の土産《みやげ》として、清盛は言仁親王に『太平御覧』という宋の大百科事典の写本を献上した（原本は高倉帝に献上したらしい）。自らの死後、この百科事典を紐解く新帝の姿を、清盛は心に描いていたに違いない。

年が明けた治承四年（一一八〇）正月二十日、着袴の儀を滞りなく済ませた言仁親王は、二月二十一日の高倉帝の譲位を受けて践祚《せんそ》した。かくして三歳の安徳帝が誕生した。

上皇となった高倉院には、形式的に院庁が設けられ、時忠をはじめとした親平家派公卿たちが別当などの座に就いた。

かくして清盛の望み通り、高倉院と安徳帝による王権が発足した。

当時、帝位を退き上皇となった者は、退位後初の社参、御幸始《ごこうはじめ》を行うという習慣があった。これまでは、伊勢、八幡、春日、賀茂上下《かみしも》、日吉、石清水といった伝統ある大社のいずれかに参るのが慣例だった。ところが清盛は、白河院が熊野に参詣して院政を成功させた前例を持ち出し、高倉院に厳島詣を勧めた。

ところが、これに不満を示した者たちがいる。諸神社と関係の深い延暦寺、興福寺、園城寺(三井寺)だ。言うまでもなく後白河院が、水面下で彼らを扇動《せんどう》していた可能性もある。

三月八日、彼らは高倉院奪還を叫び、各地で蜂起した。だが蜂起といっても小規模なものだったらしく、清盛はこれらを無視している。

宗盛をはじめとした平家一門による厳戒態勢が布かれる中、十九日、ようやく高倉院が厳島に向けて出発した。二十日、福原で歓待を受けた高倉院は、二十六日、厳島に着いた。

この時、高倉院を迎えるべく、大坂湾口まで宋船が回航されてきた。清盛は、こうした高度な操船技術を要する帆船を高倉院に見せ、宋との交易を盛んにしていってほしいと念じたのだ。

厳島一帯を遊覧した後、帰路も福原で歓待された高倉院が帰洛したのは四月八日だった。いまだ京の周辺では、大衆らの蠢動《しゅんどう》が続いており、大乱を予感させる不穏な空気が漂っていた。

そうした最中の四月二十二日、内裏の紫宸殿《ししんでん》で新帝の即位式が行われた。清盛の夢が実現した瞬間だった。

一方、その頃、ある皇族の令旨《りょうじ》を携えた行者《ぎょうじゃ》姿の男が一人、額に汗しながら諸国の山野《さんや》をめぐっていた。源為義十男の行家《ゆきいえ》である。

以仁王の挙兵

四月二十二日の安徳帝即位式に参列した清盛は、いったん福原に戻った後の五月十日、再び入洛している。

この時、すでに清盛は以仁王が謀反を企てているという情報を摑んでいたらしく、宗盛らに指示を出すと、翌日には再び福原に帰っていった。

宗盛は鳥羽院に幽閉していた後白河院を八条坊門烏丸にある藤原俊盛《としもり》邸に移すと、三百もの兵を警固に付けた。南都北嶺の悪僧らが、高倉院のみならず後白河院の奪取を図ろうとしているという噂があったからだ。

十五日、謀叛の疑いをかけられた以仁王は皇族の地位を剝奪され、源以光《もちみつ》と改名させられた上、土佐に配流と決まった。しかしその夜、検非違使の源光長《みつなが》（美濃源氏）

と同兼綱《かねつな》（源頼政の養子）が、それを告げるべく以仁王の住む三条高倉宮を訪ねると、以仁王はどこかに逐電《ちくでん》した後だった。

三十歳になる以仁王は、後白河院の第三皇子として仁平元年（一一五一）に生まれた。母は権大納言・藤原季成《すえなり》の娘で、家柄はさして悪いわけではない。

幼少時に延暦寺に入れられた以仁王は出家者となる予定だったが、永万元年（一一六五）、二条帝が没したことで出家せずに元服し、八条院暲子内親王《しょうしないしんのう》の猶子となった。

暲子内親王とは鳥羽院と美福門院の間にできた皇女で、その後、落飾して院号宣下を賜り、八条院と名乗った。

父母の遺領を受け継いだ八条院は、皇室内でも有数の資産家だが、皇統が平家に流れていくのを憂い、以仁王を帝位に就け、鳥羽─近衛─二条と続いた正統に皇統を戻そうとしていた。

以仁王自身も帝位に就くことを望んでいたが、かつて憲仁（高倉院）を帝位に就けたい建春門院の妨害に遭い、親王の宣下さえ受けられなかった。

しかし治承三年の政変によって父の後白河院は幽閉され、さしたる理由もなく自らの所領は没収され、自分よりはるかに若い安徳帝が即位するに至り、以仁王の堪忍袋の緒は切れた。そこで政変ないしは挙兵の陰謀をめぐらせているところを、平家に嗅ぎつけられたのだ。

十六日、以仁王が園城寺に匿われていることがはっきりしたので、清盛は二十一日、園城寺攻撃を決定、追捕使の一人に七十七歳の源頼政を指名した。

ところが頼政は以仁王と通じており、屋敷を焼き払うと、一族郎党を率いて園城寺に入った。追捕使として以仁王の捜索に当たっていた養子の兼綱から、頼政は逐次《ちくじ》情報を得ていたのだ。

宗盛らが、頼政と兼綱という謀反の可能性のある源氏生き残りを味方と信じ、疑うこともなかったのは不思議だ。清盛の築き上げた情報網も、使う者の器量によっては、役に立たなくなっていたのだ。

『平家物語』では、頼政が以仁王を説得して挙兵させたとあるが、実際には、頼政が鳥羽院とその直系の皇統に連なる近衛・二条両帝の恩顧に報いるため、以仁王のたっての願いを聞き入れ、老骨《ろうこつ》に鞭《むち》打って挙兵したというのが真相らしい。

これまで安全運転を心掛けてきた頼政に、いかなる勝算があったのだろうか。

頼政は清盛の推挙によって源氏初の従三位に叙されており、十分な扱いを受けてきたはずだ。動機は「やむにやまれぬ恩義により」で納得できる。しかし誰よりも場数を踏んでいる老将が、何の策もなく自爆覚悟の挙兵などするだろうか。

おそらく計画自体には、十分に勝算があったのだろう。しかし源行家に託した以仁王の令旨が、諸国の源氏に行き渡る前に挙兵計画が発覚したため、死を覚悟で以仁王に追随したと思われる。

苦しい挙兵となったものの、頼政は勝負を捨てていなかった。唯一の恃みは南都北嶺と呼ばれる興福寺と延暦寺の大衆だ。すでに京では南都北嶺の蜂起が伝えられ、家財道具を持ち出して避難する民で溢れていたというが、いまだ情勢は流動的だった。というのも南都北嶺双方に親平家派の僧がおり、微妙な綱引きが続いていたからだ。以仁王に与同した悪僧らも、計画が未然に発覚したため、寺内の根回しが不十分だったに違いない。

結局、延暦寺は清盛と昵懇《じっこん》の明雲の主張が通り、平家側に付くこととなった。これにより以仁王一行は、興福寺に逃げ込むしか手がなくなった。

二十六日未明、以仁王と共に園城寺を脱出した頼政以下五十騎は一路、南都を目指した。ただちに検非違使が追跡に移ったが、その主力は平家家人の部隊なので、平家軍と言っていい。

平家の軍制は家人と「駆り武者」で構成されており、まず精強な家人が敵を突き崩し、その後、官兵となる「駆り武者」が投入されるというのが基本戦術だが、この場合も、それを踏襲していた。

ちなみに侍身分の家人は郎従や郎党と呼ばれ、騎射戦よりも組打ち戦の主力となったが、侍身分でない雑色《ぞうしき》や下人と呼ばれる家人は、獲った首を携えるなど戦闘の補助的役割を担っていた。

一方の「駆り武者」とは「駆り集められた」武者を意味し、厳密には「公的な軍事指揮・動員権に基づいて国衙に結集する地方武士」を指す。

平家は「先制打撃力」を重視しており、緒戦で一気に勝負を決するのを得意としたが、この以仁王の乱鎮圧こそ成功例の一つに挙げられよう。確かに、「駆り武者」が蹴散らされてから平家家人を投入していたのでは、退勢を挽回するのは容易でない。戦国期に入っても、緒戦の重要性を認識していない大名が散見される中、清盛の軍事センスの確かさを物語っている。

ちなみに、この戦の後詰戦力を担った「駆り武者」には、大番役《おおばんやく》で都に上っていた東国の武士たち、大庭景親《おおばかげちか》、足利忠綱《あしかがただつな》、三浦義澄《みうらよしずみ》、千葉胤頼《ちばたねより》らが当てられた。

その後、宇治で追いつかれた頼政一行は、以仁王を逃すため平等院に踏みとどまり、激戦を展開する。しかし衆寡敵せず《しゅうかてき》、頼政はもとより嫡男の仲綱《なかつな》とその息子の宗綱《むねつな》、この戦いで「さながら八幡太郎のごとし」と称えられた頼政養子の兼綱、木曾義仲の兄で頼政養子の仲家《なかいえ》、頼政郎従の渡辺一族、以仁王に付き従った悪僧らも、そろって討ち死にを遂げた。

頼政一族は、頼政が知行国主の伊豆に派遣されていた仲綱次男の有綱《ありつな》を除き、ほぼ族滅した。当時、降伏せずに族滅覚悟で戦い抜くことは珍しく、頼政の挙兵が滅亡覚悟の上でなされたと分かる。

一方、頼政らの奮戦に助けられ、何とか虎口《ここう》を脱した以仁王だったが、興福寺を目前にした光明山《こうみょうさん》の鳥居の前で敵に追いつかれ、壮絶な最期を遂げた。また別説として、平等院の殿上《でんじょう》で自害したというものもある。

大河ドラマ『新・平家物語』では、故芦田《あしだ》伸介《しんすけ》演じる頼政と北大路《きたおおじ》欣也《きんや》演じる以仁王が、はるかに春日山を望みつつ自害する名場面があったが、実際には二人とも最後まで死力を尽くして戦ったようだ。

二十八日、高倉院を八条殿に招いた清盛は、頼政らの首を見せ、追討が成功したことを報告した。さすがに以仁王の首は見せなかったらしい。

三十日には、以仁王と頼政追討の功により宗盛の嫡男・清宗《きよむね》が従三位に叙された。二階級特進だった。宗盛と共にずっと京におり、とくに何をしたでもない清宗だが、どさくさに紛《まぎ》れて位階を上げてもらったのだ。

かくして以仁王の乱は瞬く間に平定され、平家の天下を脅かす存在はいなくなった。

紛糾する戦後処理

これをさかのぼる二十七日、前日に上洛した清盛が無言の威圧を加える中、園城寺と興福寺に対する処罰が議定において議論された。

議定とは国政の重大事を決定する場で、公卿の中でも「有識《ゆうしき》」とされる者だけが参加できた。

「有識」は、それぞれの家に伝わる「公家故実《くげこじつ》」といった儀礼体系や過去の判例などを頭に叩き込んでおく必要があった。

「有識」とかろうじて認められる時忠を除き、「有識」のいない平家一門は参加を許されなかった。そのため、高倉院を囲んで「内議」を開き、宗盛や邦綱が親平家派公卿の大納言・藤原隆季《たかすえ》らに、「左右《そう》なく南都を攻められるべき」と、興福寺を討伐する方向に議事を進めるよう言い含めた。

藤原隆季は院近臣・末茂《すえしげ》流藤原氏の嫡流。嫡男の隆房《たかふさ》が清盛の娘と結婚しており、親平家派公卿の代表的存在だった。

またこの時、「有識」の資格を有しているはずの時忠が、議定に参加しなかった理由は分からない。うがった見方をすれば、南都の悪僧から恨みを買われないために、仮病を使うなどしたのではないか。

これに対し、左大臣・藤原経宗、右大臣・藤原兼実らは、藤原氏の氏寺の興福寺を守る方針で一致していた。

議論の末、園城寺については、悪僧らが「退散（逃亡）」したため「張本《ちょうほん》（主犯格）」を差し出すことで不問に付すこととなったが、いまだ寺内に反平家派の「張本」が匿われている興福寺については、処置をめぐって激論が戦わされた。

今回は、土地利権をめぐる争いや高僧の人事といった権門寺院に多い訴訟と異なり、現王権への明らかな反逆行為に加担した罪だ。清盛としては、この機を逃さず南都攻撃を断行したかったに違いない。

ところが結論として、まずは興福寺に「張本」を差し出すことを要求することになった。常識的な決定ではあったが、こうしたことは勢いで決しないと、うやむやとされるのが常だ。現にこの後、興福寺は一部荘園の没収といった処罰で済み、「張本」が差し出されることもなかった。

結果的に、藤原氏が一致団結して氏寺を守り抜いたことになり、清盛は政治的に敗北を喫したことになる。

公卿らの議定に従っている限り、いかに強大な軍事力を有していようが無意味だということを清盛は覚った。これが後の強烈なしっぺ返しの伏線となる。たまたまこの日、伊豆国の配所にいる頼朝を訪ねた源行家が、以仁王の令旨を渡している。むろん二人とも、まだ以仁王の死を知らない。

福原遷都

治承四年六月二日、安徳帝と両上皇が京を出発し、福原に向かった。これが清盛の強烈な反撃の開始となる。

乱の後処理が終わった五月三十日、突如として清盛は、安徳帝と両上皇の福原遷幸《せんこう》を発表した。随行は公卿二、三人、殿上人は四、五人に限るとされた。興福寺攻撃を停止させ、得意満面だった兼実などは「仰天の外他《ほか》なし」と驚き、清盛に随行すべきか否かのお伺いを立てたところ、「宿舎もないので遠慮せい」と、にべもなく断られている。

同行者は清盛の独断で決定され、邦綱でさえ相談に与らなかったらしく、この時、たまたま邦綱に会った兼実は、その顔に「怖畏《ふい》の色」があったという。

兼実はこれは遷都の前触れではないかと怯え、「乱世に生まれ、このようなことを見るのは宿業《すくごう》なのか」と大げさに嘆いている。

一行は鳥羽から淀川を下り、その日は淀川河口にある邦綱の寺江《てらえ》の別荘に宿泊、翌三日に福原に着いた。ところがあまりに突然だったため、福原の受け入れ態勢は十分でなかった。

帝や両院の宿舎は、清盛や頼盛の邸宅を当てて何とかなったが、随行した諸家人たちの宿舎はなく、泊まる場所が決まるまでの間、そこかしこの路上に座して待つ有様だったという。

そうした混乱も収まった十一日、清盛は議定を召集し、遷都の件が論じられた。場所は数千の兵に囲まれた清盛のお膝元・福原なのだ。反対意見など出るはずもなかったが、あまりに突然のことに遷都決定とまではいかず、議論はずるずると長引いた。

これに痺《しび》れを切らした清盛は、都にいる兼実を呼び出した。どうやら兼実は、都市計画の「有識」だったらしい。

十四日、福原に着いた兼実は様々な質問を受けた。その中でも重要なのは、条坊制《じょうぼうせい》と呼ばれる方形を碁盤《ごばん》目状に区切った都市計画に則らずに、新都を造っても構わないかという点だ。詳細は省くが、王城を造る場合、条坊制に基づいて造ることが律令で定められていた。

福原の場合、まず左京の条理が不足しているため、内裏の規模を平安京より縮小せざるを得ない点、また右京が、山や谷が入り組んだ不整形なものとなってしまう点に問題があった。

結局、そうした問題点がありながらも、兼実は遷都に合意してしまう。本心では遷都に絶対反対だった兼実だが、清盛の兵に囲まれた福原で、それを口に出すのは憚《はばか》られた。

かくして清盛は、「兼実でさえ合意した」と言わんばかりに遷都を決定した。

これは、ひとえに自らの武力と財力を見せつけるための示威《しい》運動にほかならない。自らが望めば、「遷都も可能なのだぞ」ということを、公家たちに示したのだ。

この直接的引き金は、以仁王の謀叛の戦後処理において、藤原氏系公卿が興福寺を擁護したことにあった。しかし、宗盛をはじめとした平家一門にも遷都反対者は多く、清盛には彼らを黙らせる必要もあった。

重盛に氏長者の座を譲って以来、清盛は氏長者を尊重し、その顔をつぶさぬよう、こまやかな配慮をしてきた。しかし宗盛に対しては至ってぞんざいだ。これは宗盛の資質の問題なのか、清盛の老耄《ろうもう》からくる頑迷《がんめい》さの表れなのかは定かではない。

軍事独裁という最後のカードを切った清盛にとり、宗盛の意向を確かめながら物事を進めるなどという、悠長なことをやっている暇はない。

また、帝らの福原遷幸から遷都決定という流れを、南都との武力衝突を回避するための手段と見る先達研究家もいるが、果たしてどうだろう。

確かに南都北嶺などの権門寺院は、今日のわれわれがイメージできないほどの強力な武力を備えていた。しかも何事にも強気な一面がある。だからと言って、平家が本気で攻撃すれば勝敗は明らかで、それはほどなくして重衡が証明することになる。

唯一、清盛が心配なのは、幼帝と両院を南都の悪僧に奪われることだろう。京に置いたままでは、隙を突いて奪取される可能性もあり（後白河院は自ら逃れる可能性もある）、そのリスクを回避するために、自らの懐に等しい福原に移したのではないだろうか。

遷都は一に周囲への示威運動、二に幼帝と両院を奪われないための方策と思われる。

かくして清盛の政変は、うまく行くかと思われた。ところが波乱は目前に迫っていた。

第五章

頼朝の挙兵と清盛の最期

（1）動乱の荒波——切って落とされた源平合戦の火蓋

大飢饉の到来と頼朝の挙兵

遷都騒ぎで京中が揺れる中、東国から西国までの広範囲にわたり、じわじわと旱魃《かんばつ》の兆しが表れてきていた。雨はいっこうに降らず、各地の溜池の水も涸れ、農作物は危機に瀕していた。「養和《ようわ》の飢饉」が到来したのだ。

『方丈記』によると、この年、左京だけで二カ月の間に、四万二千余の餓死者が出たという。当時の人口からすれば凄まじい数に上る。

ちなみに養和とは、治承五年と寿永元年の間にある一年にも満たない年号で、旱魃や飢饉により瞬く間に改元された。

疫病《えきびょう》とそれに関連する病も蔓延《まんえん》し、高倉院、右大臣兼実、摂政基通らが床に伏した。

七月半ば、飢饉と疫病で京洛の地が揺れる中、清盛は依然として「福原、しばらく皇居となすべし。道路を開通し、宅地を人々（公家）にたまふべし」と、福原京への遷都を進めていた。だが清盛も、この飢饉に遷都を強行するわけにもいかなくなり、漸進的《ぜんしん》に既成事実を積み上げ、最終的に「遷都やむなし」という空気を醸成する方針に転換した。

七月末、高倉院の病状が悪化していた。「御温気《ごうんき》（体温）、いまだ散らず。日を追って御憔悴《しょうすい》」という状況に陥り、政務を執ることはもちろん、会話すらままならなくなっていた。

こうした状況に、親平家派公卿の隆季でさえ、「還都論《かんと》」に傾いたため、清盛との関係がぎくしゃくし始めている。

日増しに重くなる高倉院の病状を見て、思い余った隆季は、高倉院の意向として「還都」を清盛に要請したが、清盛は「それは結構ですが、この老法師はお供しません」と断った。遠回しな言い方だが、要は「ご冗談でしょ」ということだ。

八月六日、やっと雨が降って一息つけたものの、この年の不作は避け難くなった。

十七日、南都攻撃が正式に沙汰やみとなり、以仁王に与同した悪僧らを匿った罪で、興福寺の所有する荘園の一部が没収されることになった。

同じ日、都から遠く離れた東国で頼朝が挙兵した。伊豆目代の山木兼隆を殺した頼朝は相模国まで進撃し、石橋山で大庭景親勢と合戦に及んでいる。

国家から正式に任命された目代を殺したということは、平将門の乱と同じく公然たる謀叛になる。将門の場合、攻撃されたので「やむなく」という一面もあったが、頼朝の場合、確信犯なので、その罪の重さは比較にならない。

九月はじめ、頼朝挙兵を聞いた清盛は、安徳帝から「伊豆国流人源頼朝」追討の宣旨を賜り、平維盛・忠度《ただのり》・知度《とものり》を追討使として派遣した。

維盛は重盛の長男で二十三歳、忠度は清盛の弟で三十七歳、知度は清盛七男で二十二、三歳だったと推定されている。

すでにお気づきかもしれないが、この三人は平家の傍流に位置する人々だ。維盛は重盛の長男だが（重盛生前の嫡男は清経と推定されるが、重盛死後の小松家当主は維盛となっている）、重盛の死により氏長者の座は宗盛に明け渡され、嫡流から傍流に転じていた。それでも小松殿一門には、重盛時代からの荘園や家人といった基盤があり、緒戦を任されたのだと思われる。

この三人は平家の同族結合という同心円の外縁部に位置し、なおかつ成人し、武人としても派遣するに足る素養があったと思われる。

一方、石橋山で頼朝勢が惨敗を喫したとの報が入り、安堵した清盛は厳島で高倉院を迎えるべく、福原を出発しようとしていた。ところがその矢先、東国の反乱が容易ならざる拡大を見せていると聞き、急遽、厳島詣を延期した。

二十九日、五千もの軍勢を率いた維盛らが出陣したのを見届けた清盛は、ようやく高倉院の待つ厳島に向けて出発している。

この時は宇佐八幡にも赴いており、清盛は平安京に巣食う旧態依然とした宗教勢力と決別し、厳島と宇佐八幡を軸とした新たな宗教秩序を築こうとしていたのではないかという見方もある。

新たな王朝、新たな都、そして新たな宗教秩序の構築により、騒乱や大火で荒れ果てた平安京の「穢れ」を拭い去ることを、清盛は考えていたに違いない。

一方、八月の石橋山の敗戦後、安房に逃れた頼朝は、千葉常胤《つねたね》や上総広常《ひろつね》らを味方に付け、瞬く間に房総三国を傘下に収めるや、武蔵の武士団をも吸収し、十月六日に鎌倉に入った。この間、石橋山の敗戦からわずか一カ月半しか経っていない。それだけ東国の武士たちの間には、平家に対する反発心と頼朝への期待が大きかったことになる。しかもその間、諸国の源氏及びその与党の蜂起はやまず、甲斐国では武田信義《のぶよし》が、信濃国では木曾義仲が挙兵、また美濃、近江、尾張などでも不穏な動きが続き、平家の息のかかった国司や受領が続々と都に引き揚げてきた。

そして運命の十月二十日、富士川河畔まで迫った維盛ら追討軍は、対岸で気勢を上げる東国武士に恐れ、水鳥の飛び立つ音を奇襲と勘違いして壊乱《かいらん》する。

これが『平家物語』などで世に名高い「富士川の水鳥」の逸話だが、実際の敵は鎌倉勢ではなく甲斐源氏で、四万騎と豪語する甲斐源氏に恐れをなした維盛軍の兵が、相次いで陣払いするなどして戦えなくなり、撤退に踏み切ったというのが真相らしい。というのも、あてにしていた甲斐や駿河の平家方現地勢力が、武田信義とその弟の安田義定《よしさだ》により掃討されており、それを考えれば、富士川まで進んだ維盛らの勇気をたたえてもよいくらいだろう。

権中納言・中山忠親《ただちか》の日記『山槐記』には、「池の鳥、数万にわかに飛び去る。其の羽音雷を成す。官兵皆軍兵寄せ来ると疑い、夜中に引き退く。上下競い走る」とあり、水鳥の話も、あながち虚構とは言いきれない。一部には、そうした事実もあったのかもしれない。

いずれにしても、大切な緒戦で平家が敗れたことは間違いなく、平家はその後の戦略に大きな齟齬《そご》を来し始める。

この後、義経を迎え入れた頼朝は、佐竹秀義《ひでよし》征伐で常陸まで赴くので、東西は小康状態となる。

十月末から十一月にかけて、維盛らが少ない供を連れて京に落ちてきた。これを見て平家の惨敗を知った延暦寺の大衆が、朝廷に「遷都停止」を求めてきた。延暦寺内部でも親平家派と反平家派がおり、一枚岩ではないため、その時々の情勢に応じ、どちらかが主導権を握るという有様だった。しかも大衆は「遷都をやめなければ、山城・近江両国を占拠する」とまで脅しをかけてきた。こうした情勢変化を厳島で聞いた清盛は十一月二日、福原に戻った。

頼朝の挙兵とその勝算

原点に立ち返って頼朝の挙兵について考えてみたい。

そもそも頼朝はなぜ挙兵したのか。あるいはできたのか。頼朝が伊豆に流されたのは周知の通りだが、貴種でも無力に等しく、平家与党の厳しい監視下に置かれていた。その頼朝が突如として挙兵し（都から見ればそうなる）、初めから謀反人扱いされることを覚悟の上で、代官所を襲ったのだ。

各地の源氏勢力と連携も取れておらず、ただ伊豆の片田舎で挙兵した頼朝には、いかなる勝算があったのか。

定説では、各地の源氏勢力が三カ月前にもらった以仁王の令旨に従って挙兵するのを見越してのものというが、果たしてそんなことをあてにして挙兵するだろうか。後年に見せる冷酷で計算高い頼朝の人格からすれば、相当の勝算があってしかるべきだ。

しかもタイミングも悪い。というのも、清盛の私郎従の大庭景親が、源頼政の孫・有綱追討のために、本拠の相模国に帰ってきており、伊豆への出陣の支度を整えていたからだ。結局、それが石橋山の勝敗を決する因となるのだが、景親のほかにも、東国には平家方家人がしっかりと根を下ろしており、それらを次々と平らげるのは容易なことではない。

ちなみに平家家人とは、前述の景親をはじめ、伊豆の伊東祐親《すけちか》、武蔵の畠山重忠《はたけやましげただ》（実際には父の重能《しげよし》）、上野の新田義重《にったよししげ》、下野の足利俊盛《としもり》、常陸の佐竹秀義（実際には父の隆義《たかよし》）らだ。彼らは些少なりとも平家繁栄の恩恵に与っている立場にあり、当然のように朝廷の命を奉じて頼朝追討に立ち上がっている。

それでは、頼朝の勝算はどこにあったのか。

それは、各地から伝えられる怨嗟《えんさ》の声ではないか。

治承三年の政変により、後白河院の王権を奪取した清盛は、上は摂政関白から下は僻地《へきち》の目代まで、平家一門、親平家派公卿、家人をそれなりの地位に就けた。その規模は尋常ではなく、おそらく数百人が栄転に与り、各地に散っていったのではないだろうか。これに対し、旧来の在庁官人は一斉に首を切られた。

在庁官人にとり、知行国主が代わるだけなら不満はないはずだ。しかし自らの首が切られてはたまらない。

一方の平家勢力内部では、こうしたご祝儀人事を行わないと不平不満が湧き上がる。すなわち平家は、一門の有力者を頂点として、その家人や与党官人らで、ピラミッド構造の組織ができており、その末端まで恩恵に与らせないと、不満から組織基盤が揺らぐのだ。それゆえ、諸国の隅々まで平家色に塗り替える必要があった。これは、限りなく拡大を目指さないと存立基盤が揺らいでくる戦国大名に似た構造だ。

こうした経緯により、既得権益を失った在庁官人が続出した。誰がどんな役に就いていたか、どんな権益を得ていたかについての正確な史料はないが、東国では三浦、中村、上総、千葉ら、一も二もなく頼朝の挙兵に従った面々がそれに当たるだろう。

また、知行国主制と荘園制の矛盾により、中央から地方への収奪が激しくなってきており、旧来の在庁官人でさえ、その調整に頭を悩ましていた折でもある。平家が知行国と荘園を独占することにより、その諸矛盾を一手に引き受けることになり、搾取《さくしゅ》する だけの憎むべき中央＝平家という単純な図式が描けることになった。

さらに、飢饉は東国にも押し寄せてきており、民の不満も鬱積していた。いつの時代も、どこの地域も、旧勢力が滅ぼされるのは、民を食わせられなくなった時なのだ。

こうしたマグマのような熱気を、頼朝は感じていたはずだ。そこに大義として掲げられる以仁王の令旨が届いた。自らは担がれてしかるべき貴種でもある。大人しくしていても討伐されるかもしれない。こうしたことから、多少の不安は抱きつつも、頼朝は挙兵したのではないだろうか。

宗盛との確執、遷都の挫折

厳島から福原に戻った清盛を待っていたのは宗盛だった。宗盛は富士川の一戦で大敗したことを伝え、清盛に「還都」を勧めた。

これに激怒した清盛は、宗盛と大激論を戦わせた。この時、宗盛は清盛に物怖じすることなく、摑み掛からんばかりの有様だったという。

これまで唯々諾々と清盛に従うばかりだった宗盛だが、自らに氏長者の座を譲りながら、すべての権限を清盛が握っている現体制への怒りをぶちまけたのだろう。

よくある話だが、創立者が会長に退き、社長にイエスマンを就ける。当然、会長の独裁は続き、社長は名ばかりで何の権限もない。そこで、会長が周囲の反対を押し切って進めた事業が大赤字になる。会長は社長に責任を押し付け、株主の怒りも社長に向けられる。

社長としては、「俺に責任だけ取らせるつもりか！」と叫びたくもなる。清盛と宗盛の関係も、それに近いものだった気がする。

つまり清盛は、つまらない仕事（政治運営・権門寺社の鎮撫・東国の反乱鎮圧など）を宗盛に任せ、自分はやりたいこと（日宋貿易・新たな宗教秩序の構築など）をやっている。こうしたこともあり、宗盛には不満がたまっていたのだろう。

それだけならまだしも、自分の意見さえ聞こうとしない清盛に対し、宗盛の堪忍袋の緒が切れたのだ。温厚な宗盛が切れるほど、清盛は頑迷固陋《がんめいころう》になっていたことも、ここから分かるはずだ。成功を収めた独裁者にありがちなケースと言える。

興福寺追討という点では、高倉院、藤原隆季、そして宗盛も賛意を示したのだが、福原遷都に関して、かつて彼らは反対していた。もはや福原遷都に賛成しているのは、清盛腹心の時忠と邦綱くらいのもので、一門内では、清盛が一人で意地を張っている観があった。

五日、富士川から近江の勢多まで戻ってきた維盛から清盛に報告書が届いたが、それを読んだ清盛は「追討使たるもの、勝つまで戻ってくるな」「どこかに姿をくらまし、京に入るな」とまで罵倒する。これまで常に冷静を保ってきた清盛が、これほど感情的になるのは異例のことだ。

清盛は新たに教盛と経盛を追討使に任命しようとするが、そこに入った一報は、「遠江以東の十五国はすべて頼朝に与した」という衝撃的な情報だった。おそらく平家派の官人たちが任を解かれ、大挙して東国から都に戻り、この一報がもたらされたのだろう。

ここに来て、ようやく清盛は未曽有の危機が迫っていることに気づいた。清盛は、とにかく敵を減らすことに努めることにした。

十二日、隆季は公卿に対し、「帰都の議あり」と招集をかけた。これが還都に関しての最初の話し合いとなった。もはや猶予はない。夜を徹して議定が行われた結果、翌日には正式に還都の発表があった。清盛が遂に譲歩したのだ。

五日から十二日までの間、清盛の中でも葛藤《かっとう》はあった。このまま意地を張り通すこともできた。しかし重篤《じゅうとく》となった高倉院が強く還都を望んだことや、延暦寺に掛け合い、還都すれば平家に敵対しないという約束を取り付けたことも、還都に踏み切らせた理由だった。

二十一日、東国の反乱は近江にまで及び、平家お膝元の伊勢では、宗盛の郎従が殺された（クーデターに近いものがあったと解釈すべきだろう）。

近江の賊徒は北国街道を分断し、敦賀港から京に入る食料や物資の供給を断つと、園城寺と結んで京に乱入する構えを見せていた。

二十三日には、福原で平家に仕えていた大和源氏の豊島蔵人《としまくらんど》（手島冠者）が、福原の自邸に火を放ち、追っ手を振り切り、近江に逃れた。

またこの頃、自ら追討軍に参加して東国勢を討つと称し、多くの武士がそれぞれの本拠に戻っていった。そのため福原には二千騎程度の軍勢しか残っていなかったという。こうした武士が処罰された記録はなく、宗盛も瓦解現象に手の打ちようがなかったのだろう。

そんな最中の二十三日、混乱する福原を後にした安徳帝と、後白河・高倉両院一行は、二十六日に京に帰り着いた。約半年ぶりの帰還となった。

清盛が福原に託した夢は、わずか百七十日で潰《つい》えたことになる。

平家外戚皇統による新王朝の象徴となるべき福原遷都の挫折は、「隆盛する平家」から「衰亡する平家」という印象を公家社会に植え付け、その滅亡を後押しすることになる。

二十九日、帝らを追いかけるように上洛した清盛は、その夜には「内議」で方針を決定、翌日には高倉院の御所で、東国の反乱に関する議定が行われた。

その時、左大弁《さだいべん》（事務方の要職）の藤原長方《ながかた》という人物が、後白河院による院政の復活と、追放中の院近臣・基房の復帰を提案した。これは清盛の築いた新体制の否定だったが、清盛はこの案を受け入れ、十二月二日には基房の赦免を決定、十八日には後白河院に対し、院政の再開を要請している。

すでに清盛は、真の敵が後白河院や基房ではなく頼朝だと知っており、かつて敵対していた院や摂関家と妥協することで、少しでも状況を改善させようとしていたのだろう。

ちなみにこの長方という人物は、実務官僚系院近臣・為房流の出身で、この時は参議。福原遷都に反対して一人だけ京にとどまったり、清盛に面と向かい、福原遷都を批判したりしていた。後白河院に対しても平気で意見していたという。

兼実は『玉葉』において、「長方、なお公人なり。時勢に諛《へつら》はず、直言を吐く。感じて余りあり。誠にこれ諫諍《かんそう》の臣なり」と絶賛している。「諫諍の臣」とは、面と向かって主君を諫められる家臣のことだが、緊急時には、こうした人材ほど貴重だと痛感させられる。

平家の反撃

再び陣頭に立った清盛の巻き返しが始まった。

十二月一日、伊賀国の平家家人・平田入道家継《いえつぐ》が近江に攻め込み、かつて福原から逃亡した豊島蔵人を討ち取り、近江源氏の主力・甲賀入道義兼《よしかね》の城を攻略するという功を挙げた。

平田家継はかつての忠盛股肱《ここう》の家人・平家貞《いえさだ》の息子で、いまだに伊勢の平家家人は強力だと証明した（鎌倉幕府成立後も、伊勢の平家家人は幾度となく蜂起する）。

翌二日には、知盛と資盛を大将軍とする追討軍が京を出陣した。

知盛は宗盛の同腹弟で一門随一の武人と謳われていた。また資盛は凡庸《ぼんよう》な兄の維盛と異なり、小松殿一門の柱石たる人物だったという。

このような二元化された軍編制は、命令系統の混乱を招くため、本来なら避けねばならないが、重盛を後継に据える前提で、小松殿一門を大きくしてきた清盛としては、重盛が死んだからといって、その遺領や家人を引き剝がすわけにはいかず、こうした軍編制になったのだろう。

ここで、ご注意いただきたいのは、平家の家人たちは、清盛に一元的に統率されていたのではなく、平家一門という堅固な共同体を構成する諸家（宗盛の本宗家、重盛の小松家、頼盛の池家、教盛の門脇《かどわき》家等）と主従関係を結んでおり、それが後の頼朝の下に一元的に管理される鎌倉幕府の兵（御家人）とは異なる。

後に平家を追い、西国に攻め入った範頼や義経の軍勢は、彼らに帰属するものではなく、頼朝から借りた兵で構成されたもので、彼らは代官にすぎない。そこが大将軍と称する者が並列する平家の軍制と異なる点になる。

現代風に言えば、平家は子会社を多くして、それぞれに独立採算制を求めたが、それは結果として、統一された企業としての力を削ぐことになった。一方の鎌倉勢は、所帯は大きくても指揮系統が一元化されており、軍隊としてはより強力だった。

追討軍の指揮官に任命された知盛と資盛は、本宗家と小松家双方の軍事面を担う平家一門の切り札的存在で、その二人を投入せねばならないほど、状況は予断を許さないものとなっていた。

知盛は近江国の勢多(瀬田)から東山道を進み、資盛は伊賀から、伊勢国守の藤原清綱《きよつな》は伊勢から、それぞれ進軍し、湖南《こなん》から湖東《ことう》にかけての敵を掃討することになった。本宗家、小松家、伊勢平氏家人連合という三方面に軍団を分かった大規模な作戦となった。

十日、近江の反乱軍の制圧に向かった知盛だったが、延暦寺と園城寺に背後を脅かされたため、いったん兵を引き、十一日に配下の平清房《きよふさ》に園城寺を焼き打ちさせると、近くまで出張ってきていた延暦寺の反平家派大衆を打ち破った。

この時、園城寺は金堂《こんどう》を除いた堂塔伽藍《どうとうがらん》すべてが「底を払って」焼き払われた。さすがに金堂だけは文化財的価値を見出したのか、平家軍が消火作業に当たったという。清盛は以仁王を匿った罪は許せても、近江源氏と連携して平家に反抗した罪は許し難く、園城寺に対し、こうした強硬手段に出たものと思われる。

十三日、資盛と合流を果たした知盛は、馬淵《まぶち》城（近江八幡市）を落とし、二百人余を斬首、四十人余を捕虜とした。さらに知盛と資盛は、近江源氏・山本義経の山本城を攻めるが、強い抵抗に遭い、苦戦を強いられる。その知らせを受けた清盛は、すぐに維盛を後詰として派遣、これが奏功し、山本城の攻略に成功している。

小松家の軍団は資盛が率いているため、維盛が連れていったのは、天皇の名の下に召集された駆り武者だった可能性が高い。いずれにしても平家の軍制において、駆り武者の投入が成功した珍しい例となった。

この後、知盛は美濃に攻め入り、翌治承五年（一一八一）正月二十日には、美濃全土を制圧している。

一方、近江戦線における相次ぐ戦勝の報告を受けて一息ついた清盛は、公卿をはじめとした平家と直接、かかわりのない荘園領主に対し、内裏警固の名目で、兵の派遣と「兵乱米」の徴収を命じた。清盛は諸国での反乱を国家の公的な危機と喧伝し、公家や寺院にも負担を課した。

ところが、「兵を出せ」と言われても、この頃の公家には武力などない。保元の乱当時まで、専業武士と肩を並べる形で発展した摂関家の武力なども、軍事・警察権を独占した平家によって骨抜きにされ、戦力となるほど武術に熟練した兵など、畿内から西国にかけての荘園のどこにもいなかった。

平家一門の座を安泰とさせるために、清盛が推し進めてきた公家軍事力の弱体化は、結局、自らの首を絞めることになったのだ。

兵の質はどうあれ、とにかく清盛は、平家以外の公家や寺社にも負担を分担させようとした。荘園領主の組織化と従属化を図ることにより、西国が一丸となって東国に当たろうという体制を布こうとしたのだ。

別の角度から見れば、これは平家単独で反乱を鎮圧できないと露呈したことになる。つまり清盛の思惑とは裏腹に、公家や寺社の不安を煽ることにつながった。

いまだ知盛らが近江で戦っている最中の十六日、基房が配流先から帰京し、十八日には、形ばかりに後白河院による院政が復活した(正式には翌年正月十四日発足)。

ただし後白河院の権限は、かなり制限されていたらしく、清盛としては、後白河院政を形式的に復活させはしたものの、二度と勝手なまねをさせるつもりはなかったものと思われる。また基房についても、帰還を許されただけで、すぐに摂関いずれかの座に復帰させることはなかった。

つまり清盛は、過去の政治体制へ回帰させるのではなく、あくまで、後白河院支持勢力と妥協するために、これらの譲歩を行ったのだ。

高倉院は死の床に就いており、安徳帝はあまりに幼く、清盛としては、まずは後白河院との関係を改善し、挙国一致体制を築き、源氏に当たるつもりでいたのだろう。

南都炎上

園城寺を焼き打ちし、延暦寺の源氏派大衆を追い散らしたことで、目の上の瘤《こぶ》だった権門寺院の処置に目途《めど》がついた。しかし、このまま源氏と畿内周辺で決戦となれば、必ず源氏に味方する大勢力が、いまだ無傷で残っていた。

南都興福寺である。

実際に南都大衆は、十二月十二日には末寺や荘園に檄《げき》を飛ばして兵をかき集め、十六日には上洛戦を展開するつもりだった。これを成功させるには、園城寺や延暦寺の反平家勢力との連携が必須になる。

兼実はその日記『玉葉』の中で、十八日に興福寺と延暦寺が都になだれ込み、六波羅を焼き払うという噂を耳にしている。

ところが知盛の配下により園城寺は焼かれ、延暦寺は平家派となってしまった。これにより興福寺は、上洛戦どころではなく逆に孤立してしまった。

『平家物語』によると、これで情勢有利と見た清盛は、平家家人・瀬尾《せのお》（妹尾）兼康《かねやす》率いる五百余騎を大和国方面に派遣するが、この部隊は武力行使を前提とせず、示威運動を託されていたらしく、戦闘となって南都勢（興福寺軍）に敗れ、六十人余が捕虜となり、斬首された。うがった見方をすれば、彼らは攻撃の大義名分を作るための囮《おとり》部隊だった可能性すらある。

二十二日、遂に清盛は「悪徒を捕へ搦め、房舎《ぼうしや》を焼き払ひ、一宗魔滅《まめつ》すべし」（『玉葉』）と下命した。「一宗魔滅」とは字義通り、一つの宗派を消滅させることだ。

大将軍には、重衡が指名され、二十五日には数千騎を率いて京を出発した。

この決断を下すにあたり、清盛の中で、どのような葛藤があったのだろう。それとも急激に老化が進み、葛藤などなくして短絡的に断を下したのだろうか。いずれにしても源氏との決戦を前に、興福寺だけは消滅させると決意したのだ。

二十七日、河内方面から攻め入った重衡軍の先手が、敵の待ち伏せに遭い、三十人ばかりが討ち取られることで、戦いの火蓋が切られた。

すぐに反撃に転じた重衡先手衆は、泉木津《いずみきづ》で南都勢を蹴散らし、南都に至る街道筋を確保した。

一方、南都勢は奈良坂と般若寺《はんにゃじ》坂の線まで後退し、そこで重衡軍を食い止めようとした。しかし翌二十八日、激戦の末、二つの防衛線は突破され、重衡軍は先を争うように南都に殺到した。

この時、大衆らは二つの坂の頂に城を構えていたらしく、『平家物語』には、「路を掘り切り、掻楯《かいだて》をかき（立て）、逆茂木をひいて」待ち構えていたとあり、陣城的な概念の城が築かれていたことを示唆している。

ちなみに掻楯とは、木製の盾を横に並べて敵の突進を阻止するための防御施設だと思われる。

ここでご注意いただきたいのは、これが後世の城と違い、居住施設を備えた要害ではなく、通路遮断を目的とした一時的な陣、すなわち「防塁《ぼうるい》」ないしは「阻塞《そさい》」だった点だ。

源平時代というと、騎馬武者どうしの一騎打ちを想定しがちだが、こうした「陣」をめぐる攻防が繰り広げられていたところを見ると、戦国期とさして変わらない気もする。戦を繰り返すうちに、急速に戦闘員の階層的拡大がなされ、それに対応した戦闘形態が生まれていったのだろう。

さて話は戻るが、二つの坂を突破した重衡軍は南都に押し寄せた。こうなると寄手側は俄然、有利になる。火矢を放ち、堂塔伽藍の一部に火をつければ、敵の一部は消火に回るわけで、防衛線は弱くなる。それを突破し、さらに接近し、再び火矢を放つ。それを繰り返していけば制圧は容易だ。

ちなみにこの時代は破壊消火が主な手段なので、いったん火がついてしまうと、鎮火させるには、たいへんな労力が要る。つまり兵士と同等の体力のある者でないと、消火作業に携われないのだ。

『平家物語』によると、夜戦となったので灯りが必要となり、民家に火を放ったが、それが、折からの風により燃え広がったという。しかしこれは重衡を擁護する虚構の可能性が高く、当初から清盛は、興福寺を焼き尽くすことを企図しており、重衡はその命に忠実に従ったというあたりが真相だろう。

やがて戦が終わり、南都は焼き尽くされた。

興福寺は、堂舎三十八が焼失、わずかに小房二つを残すばかりだったという。この災禍により貴重な仏像、仏典、書籍類も焼尽し、これからの仏教界を担っていくはずの多くの若い僧侶も命を失った。彼らは仏の加護を信じ、避難せずに堂舎の中で仏敵退散の祈禱をしていたという。

早くも二十九日、強硬派大衆の首四十九を薙刀《なぎなた》の先に刺し、首謀者の一人を縄掛けし、重衡は意気揚々と都に凱旋《がいせん》した。

そこで重衡の報告を聞いた公家たちは戦慄した。重衡は興福寺のみならず東大寺までも焼き尽くし、わずかに春日大社だけを焼かずに残したという。

当時の南都は、今日のわれわれが戦前にノスタルジーを抱くのに似て、公家たちの心の拠り所となっていた。兼実もその日記で「悲嘆の至り、たとへをとるに物なし」と、「これほどの悲嘆は喩えようもない」と、悲しみに暮れている。

清盛は、源氏と在京決戦をするための絶対条件の南都の壊滅を、「仏敵清盛」の名を後世に残すことと引き換えに実行したのだ。

清盛、最期の戦い

治承五年（一一八一）の正月は、様々な正月行事が取りやめとなり、暗鬱《あんうつ》な雰囲気で始まった。

正月四日、清盛は興福寺僧の公請《くじょう》停止、所職解却《しょしょくかいきゃく》、所領没官《もっかん》を命じた。公請とは朝廷の召しに応じ、僧が法会や講義に出ることを言う。

清盛は自らの行為を正当化させるためにも、興福寺を徹底的に抑圧せねばならなかった。そこには政治的意味などなく、恐ろしいまでの自己正当化があるだけだ。

もはや平家の軍事力を前にして藤原氏の政治力は無力で、藤原氏の血を引く人々は、ただ指をくわえて推移を見守るしかなかった。

既述のように正月二十日、知盛が美濃を制圧したことで、当面の危機は去った。その知らせを聞いた清盛は、さぞや安堵したことだろう。知盛は二月十二日、美濃源氏の十余の首と共に凱旋する。

こうした最中、高倉院の病状は悪化の一途をたどっていた。高倉院は傀儡とはいえ平家政権の象徴でもあり、院がいてこそ、公家社会で平家は正統な政権と認められていた。これは、幼い安徳帝には決して代替えのできないことでもあった。

それゆえ清盛は、高倉院の死後を見据え、一門与党の堅固な紐帯となる別の何かを作らねばならなかった。それが、正月八日に宗盛に下された「惣官」の宣旨になる。

これは、天平元年（七二九）に起こった長屋《ながや》王《おう》の変、旱魃、飢饉などに対応すべく、「惣管」を設置し、兵馬の権を一人（一品新田《いっぽんにいた》部《べ》親王《しんのう》）に集めた前例に倣い、畿内五カ国（山城・大和・河内・和泉・摂津）、近江、伊賀、伊勢、丹波の支配を統括する「惣官」を設けた軍制改革だ。

これらの国の大半は、「熟国」ではなかったため、「熟国」の丹波を除き、平家一門・家人が国守となっておらず、兵馬や兵糧の徴発が停滞していた。

これは新たに国守の交替を行う暇がないので、円滑な支配（兵馬や兵糧の徴発）のために、「ええい、めんどうだ」とばかりに、知行国主や国守の権限を包括する「惣官」を設置したのだ。

清盛は畿内とその周辺地域に新たな軍制を布き、宗盛の下、統制の取れた兵馬や兵糧の徴発を行おうとしていた。清盛は知行国主制という大枠を克服し、新たな挙国一致体制を構築したのだ。これを頼朝に先駆けた幕府、すなわち「六波羅幕府」と呼ぶ説もあるくらいだ。

さらに、従来の平家家人を先手とした軍制を改め、官軍色を強めることで、出征の大義を得ようという政治的意図も垣間見られる。

また清盛は、鎮守府将軍・藤原秀衡《ひでひら》を陸奥守に任じ、頼朝追討の宣旨を下した。さらに越後国住人・城資職《じょうすけもと》を越後守に任じ、同様の宣旨を下した。

秀衡はまだしも、何の位階も持たぬ一介の地方豪族の城資職に、こうした宣旨が下されるのは異例のことだ。そこまで切羽《せっぱ》詰まっていたことの証しでもあるが、好意的に解釈すれば、清盛が旧来の軍制を否定し、実力本位の新たな軍制を布こうとしていたとも取れる。

少し先の話になるが、この源氏包囲網は、治承五年（一一八一）六月の横田《よこた》原《はら》合戦で、城資職が義仲に大敗を喫することで、呆気なく瓦解する。

こうした中、高倉院は病と闘っていた。高倉院は生きることに強い意欲を持っていたらしく、出家もせず、死の前日には数十カ所にも及ぶ灸治《きゅうじ》にも耐えていたという。

これは、極楽浄土が常識のように信じられていたこの時代の皇族や公家には珍しく、高倉院は自らが死去することで、国内が混乱することを憂え、「何としても生き抜かねばならない」と思っていたに違いない。

しかし十四日、高倉院は力尽きた。二十一年という短い生涯だった。

高倉院の簡略化された葬儀が済むや、清盛は次の一手を打った。未亡人となった中宮の建礼門院徳子を、後白河院の後宮に入れるというプランだ。

高倉院は後白河院の息子で、その室を義父に再嫁させようなどというのは、当時の解放的な宮廷の性風俗下でも人倫にもとる行為で、兼実も『玉葉』で「夢か、夢に非《あら》ざるか。およそ言語の及ぶところに非ず」と呆れている。

結局、徳子本人が出家を望んで譲らず、清盛もこのプランをあきらめざるを得なかったが、安徳帝の成長まで、何とか後白河院を平家につなぎ止めておこうという清盛の執念を感じる。

代替え案として清盛は、清盛自身が側室の厳島内侍に産ませた娘を後白河院の後宮に入れ、冷泉局《れいぜいのつぼね》と名乗らせた。しかし兼実が「ただ付女《つけめ》の如し」と書いているように幼かったらしく、後白河院も手が付けられず、後に自らの猶子としている。

ちなみに付女とは、高位の女性の付き人のことで、その中には童女もいた。

後白河院としては、平家と距離を置こうとしていた時期でもあり、こうした清盛の好意は、ありがた迷惑だったと思われる。

この頃、後白河院と摂関家の基房らは、すでに「平家以後」を考えていたに違いなく、平家という老朽船に乗り込み、もろとも水底に沈む愚だけは避けたかったに違いない。

高倉院の死と、その後のごたごたがあったため多少の遅れはあったものの、十九日、宗盛に晴れて「惣官」職の宣旨が下った。

一方、知盛らは凱旋したものの、源行家を中心とした尾張の源氏勢力までは鎮圧しきれなかった。知盛が病を得たのと（てんかんの持病があったという）、兵馬や兵糧の補充目的で、いったん帰還したのだ。

当時の平家軍は長い出征に耐えられず、帰還と出征を繰り返すことで、兵馬や兵糧の補充を行っていた。官軍を名乗る平家軍は、公に略奪ができなかったからだ。こうした常識が後の源氏の大遠征を侮ることにつながったのは言うまでもない。

官軍の平家軍とは異なり、木曾勢も鎌倉勢も、源氏軍は年貢や運上物《うんじょうぶつ》から農民の食糧まで根こそぎ略奪しながら進撃するため、兵站《へいたん》はさほど問題にならなかった。彼らは「妻子、牛馬を追い獲る」(『平家物語』)ことまでしたという。これでは、曲がりなりにも秩序を守る側にいる平家に勝ち目はない。

ちなみに平家軍が、その遠征において兵糧の現地調達を許されたのは、清盛死後の寿永二年(一一八三)の維盛の北陸出兵の折だった。この時は十万近い軍勢だったとされ、それを維持するには、略奪せざるを得ない事情があった。

それまで、平家にはそうした略奪行為がなかったとは言いきれないが、実際にひどいことをしていれば、平家に批判的な公家の日記などに記されるので、それがないということは、知盛らは規律を守って軍事行動を展開していたと思われる。

(2)潰えた野望——憎悪と悔恨にまみれた終焉

清盛の首都防衛構想

死は唐突にやってくるというが、清盛の死もあまりに唐突だった。まさに「これからクライマックス」という時に、映画のフィルムが切れたように終わってしまうのだ。最終的には、平家もろとも壇ノ浦の水底に消えていったのかも知れないが、それでも、起承転結の結の部分まで清盛には生きてほしかったと願うのは、私だけではないだろう。

ところが、どう考えても清盛が壇ノ浦に沈むことはなかったのだ。それは清盛の防衛戦略を知れば分かってくる。

おそらく清盛は、病を自覚する最後の一週間まで死など考えてもいなかった。いかに危機的状況にあっても、その五感は冴えわたり、気力も充実していたのだろう。

二月十七日、清盛は、安徳帝を新造成ったばかりの頼盛の八条殿（八条里内裏）に行幸させた。同月二日には、後白河院を八条殿に近い最勝光院《さいしょうこういん》御所に移している。

清盛は、その理由を「ひとへに警衛《けいえい》のため、七条以南の儀あり」と言っている。つまり安徳帝と後白河院を守護するには、七条より南の地にお移りいただかねばならないと言っているのだ。

七条以南の地は平安京の外ではあるが、多少の凹凸《おうとつ》地形はあっても、それほどの要害地形を成しているとは思えない。それでも防衛線を構築するに際して、平地ばかりの平安京よりはましだ。こうしたことから清盛は都の南部に要害を構築し、最悪の場合、そこで敵を防ごうとしていた。

これは鴨川を挟み、帝と院のいる頼盛邸（八条殿）と最勝光院を囲繞する形で防衛線を築くことになるわけだが、その本営が「宗盛堂」と呼ばれる「法性寺一橋西辺」に造られた居館になる。

居館と言っても、宗盛が前年に死去した室を悼んで造った小寺が元となっている。その場所に、簡易な堀と土塁に囲まれた方形居館を造ったと推定されるが、実態は分かっていない。「法性寺一橋西辺」とは、京都駅の東、鴨川を渡った地に残る「一之橋」という地名の辺りと比定されている。

その前衛の戦略要地としては、東福寺《とうふくじ》のある段丘地《だんきゅうち》あたりを考えていたとされる。確かに東福寺は、堀切の代替えになる谷地形もあり、防衛陣地を築くには適地ではある。源氏が興福寺残党と共に奈良から押し寄せてきた場合、法性寺大路を北上してくるはずなので、東福寺の地は迎撃に最適となる。

清盛の頭の中には、左京の東南隅に都の中心を移して首都を防衛する構想があったとみえ、正月頃より九条通り東端の鴨川両岸に、防御施設を築いていたという記録がある。むろん防御施設といっても、堀を穿ち、掻盾や逆茂木をめぐらせた「防塁」や「阻塞」のようなものだろう。こうした小規模の「防塁」や「阻塞」を幾重にも築くことで、敵を遮断、拘束《こうそく》、消耗させるつもりだったのだろうか。

帝と院を担いでの平家一門の八条と九条への移転は、一時的なものではなく、福原に代わる新拠点作りだったのではないかという説さえある。いずれにしても後の宗盛の都落ちという判断により、こうした軍事施設は使われずに捨てられることになる。

歴史にイフは禁物だが、宗盛が清盛の構想に従っていれば、源平の戦いはどうなったか分からない。西国に落ちてからの平家の巻き返しが評価されつつある昨今だが、没落という事実は覆い難く、都で踏ん張ることで流れを変えることもできたのではないかと思うと、やはり都落ちは残念でならない。

大相国閉眼

二月二十二日、清盛は激しい頭痛に襲われた。二十四日には発熱が始まり、症状は日を追って悪化の一途をたどった。二十八日には、病状はさらに深刻になり、兼実は見舞の使者を派遣している。

その翌日の閏二月一日（この年は閏）、兼実は使者から「清盛は十のうち九は回復の見込みなし」との報告を受けている。

同日、美濃征伐に出征するはずだった宗盛も、出陣を取りやめている。

信頼に足ると言われる『養和元年記』における医師の報告によると、「雪を器に盛り、頭上に置かしめ、水を船に注ぎ、身体を冷やすといえども、煙毛穴より騰がり、雪水湯のごとし」という有様だったという。すなわち「雪を器に入れ、頭上に置き、水を水槽に注ぎ、身体を冷やしても、（発汗による）煙は毛穴から噴き上げ、雪や水は湯のようになった」というのだ。

日に日に病状の悪化が伝えられる最中の閏二月四日、遂に清盛が逝去した。享年は六十四。発病から一週間余という、あまりに呆気ない死だった。

その日の朝、死を覚悟した清盛は、使僧を後白河院の許に送り、「死後のことは、すべて宗盛に命じておいたので、万事、宗盛と共に天下のことを計らってほしい」と告げさせた。しかし院はこれを無視し、使僧に何も返答しなかった。

使僧からそれを伝え聞いた清盛は、「怨《うら》みの色を含むことあり」といった顔つきで、「天下のことはひとえに宗盛が計らうようにしたので、異論はあるまい」と、一方的に告げさせたという。

死に行く者への同情や共感など持たない院と、死の瞬間まで院を見下し続けた清盛とは、最後まで相容れない仲だった。

八日の葬礼の日には、院のいる最勝光院の中から今様乱舞の声が聞こえてきたという記録もある。

こうしたことを知ると、壮年になってからの院の政治力も、どれほど評価していいのか分からなくなる。実際は、その時々の院近臣から入れ知恵され、場当たり的な政治的駆け引きをしていただけかもしれない。

『平家物語』では、臨終に際して清盛は、高熱に苦しみ悶《もだ》え死んだとされ、「猛《たけ》き者も遂には亡びぬ。偏《ひとえ》に風の前の塵《ちり》に同じ」と、憐みを込めて叙述《じょじゅつ》されているが、同じく『平家物語』では、「死後の供養など要らぬ。頼朝の首をわが墓前に供えることこそ供養と思え」と言ったとされる。

苦しみの中でも、清盛の反骨心は旺盛で、頼朝に対する憎悪と悔恨のない交ざった感情をたぎらせつつ逝ったのだろう。

遺言として清盛は、「死後は三日以後に葬儀をなし、仏事は毎日行う必要はなく、七日ごとに行えばよし。子孫はひとえに東国の謀叛を治めることに力を注ぎ、たとえ最後の一人となっても、骸《むくろ》を頼朝の前に晒すまで戦うべし」と言い残している。

しかし清盛逝去のわずか二日後の六日、院を前にして公卿の議定が行われた折、宗盛は「今は万事ひたすら院宣の主旨にそって考え行うつもりです」と平身低頭し、謀叛人を追討するのか、それとも「宥《なだ》め行う」のか問うている。その結果、議定は院宣を携えた使者を頼朝の許に送り、その言い分を聞いてみようということになった。

清盛の遺言は、息子宗盛により死後二日で破られ、朝廷や院庁は追討路線から融和路線へと転換していく。その後、平家軍は三月の墨俣川《すのまたがわ》合戦で勝ったものの、それ以上は東に進めず、やがて退勢に陥り、都落ちするのは周知の通りだ。

宗盛というのは、軍事に極めて疎い、ないしは軍事センスに欠けたリーダーだったと思われる。「ここが正念場」という認識もなく、逆に朝廷という旧体制の傘の下に一門もろとも逃げ込むことにより存命を図ろうとしたのだ。

清盛の死について、公家たちは一様に冷ややかな対応をしている。兼実はその日記で、清盛の栄光の生涯をたたえながらも、園城寺と興福寺に対する焼き打ちを非難し、「神罰、冥罰《みようばつ》の条、新たに以て知るべし」と書きとめている。

『平家物語』では、『養和元年記』同様、その熱病の凄まじい様を記しているが、双方に共通するこうした記述は、仏罰の恐ろしさを強調し、旧来の権威を重んじるべしとする回顧主義の萌芽にすぎない。

清盛の死因は、古くはマラリアとされてきたが、最近はインフルエンザからくる肺炎の可能性が指摘されている。というのも同じような症状で、同閏二月二十三日、清盛と頻繁に謀議をこらしていたと思われる腹心の邦綱がこの世を去っており、感染性の高いインフルエンザだったのかもしれない。またその症状から、風邪から中耳炎を起こし、それが髄膜炎《ずいまくえん》へと悪化したのではないかという説もある。

いずれにしても、源氏との決戦を前にして、清盛は呆気なく死んでしまった。

この後の流れは周知の通りなので簡単に記す。

治承五年（一一八一）閏二月四日の清盛の死後、一カ月ほど後の三月十日、墨俣川（現在の長良川）を渡河してきた源行家と義円《ぎえん》（義経の同母兄）の軍勢と戦った重衡らは、大勝利を収める。

この戦いの後、平家は九州の内乱に手を焼くものの、「養和の飢饉」により内乱は小康状態を迎える。しかし寿永二年（一一八三）五月、平家は北陸道の倶利伽羅峠《くりからとうげ》で木曾義仲の前に惨敗を喫する。

同年七月には、木曾勢に追われるように宗盛らは都落ちするものの、頼朝と義仲の角逐により一時的に勢力を回復する。しかし衰勢に棹差すことは叶わず、寿永三年（一一八四）二月には摂津の一の谷、元暦二年（一一八五）二月には讃岐の屋島、同年三月には長門の壇ノ浦で敗れて滅亡を迎える。

清盛死して四年の後、平家は壇ノ浦の水底《みなそこ》に沈んだ。厳密には、宗盛と嫡男の清宗は捕虜となり後に処刑されるのだが、平家終焉の地は壇ノ浦と言ってもいいだろう。

では、平家滅亡の原因はいずこにあったのか。

在地領主制が古代国家を克服して封建制を確立していく過程で、王家の傭兵隊長にすぎない平家の滅亡は、歴史的必然だったなどと思っている読者は、もはやいないはずだ。

平家の滅亡は、皇統奪取による公家たちの反感、権門寺院との対立、治承三年の政変による過度の知行国の独占、それによる家人と非家人の軋轢、折悪しく起こった大飢饉による民の不満、西国兵の質の低下、軍団としての指揮系統の曖昧《あいまい》さ、そして、父祖の代からの源氏との確執という複合的要素が絡み合って起こったのだ。

清盛という男

戦国期の天下人で、清盛に最も近い人格を有しているのは誰だろう。

信長だろうか。信長ならもっと性急に事を進めたはずだし、人情に薄いので捕えた時点で頼朝や義経を斬っている。

秀吉だろうか。秀吉なら、もっと四方に気配りして敵を作らなかったはずだ。清盛も若い頃は気配りのできる人物だったが、どうしたわけかそうした一面は晩年に失われている。これは独裁者となったが故のものか、老耄によるものかは分からない。

それでは家康だろうか。保守的で慎重な家康と、開明的で果断に富む清盛は似ても似つかない。むしろ重盛や宗盛の方が家康に近い。

清盛に最も近いのは光秀だろう。

清盛の人格を一言で表すと、合理的な現実主義者で、冷静に事態を分析し、感情に左右されない的確な判断が下せる人物となる。ただしこうした人格は晩年を除いてで、明らかにこうした人格部分が、晩年には失われていたと分かる。

『源平盛衰記』によると、農民が日照りで困り果てているのを見かねた比叡山の僧・澄憲《ちょうけん》が雨乞いをしたところ、たちどころに大雨となり、三日三晩も降り続いた。この霊験《れいげん》に驚いた朝廷や公家社会は澄憲を称賛したが、清盛だけは「人の病気が自然に治る頃に脈を取った医師は名医だと言われるが、澄憲も同じだ。春から日照りが続いているのに何もせず、五月雨の降る頃に祈禱し、雨が降ったからといって、何が高僧だ」とうそぶいたという。迷信を嫌い、科学的合理性を信じる清盛の面目躍如たるものがある。

さらに、その思考は公明正大で一貫性があるため、他人から信頼を得やすい。『愚管抄』で慈円は、清盛を「あなたこなたしける平中納言殿」と評しているが、これはどっちつかずの風見鶏という意ではなく、政治的周旋に優れ、どちらかに肩入れしない、依怙《えこ》贔屓《ひいき》しないという謂かもしれない。

また真面目で謹厳実直な一面もあり、責任感も人一倍強い。ただし誇り高く人に弱みを見せたくないので、うまく行かなくなると、他責指向が強くなることもある。

逆に欠点としては、厳格で融通が利かず、何事も杓子定規《しゃくしじょうぎ》で考えがちな点だ。さらに言えば、空気が読めないことが多く、意固地になって孤立しがちな点も挙げられる。

何かを自ら率先して行うとか、自ら手を汚すことは少なく、外野的・評論家的な態度を取ることも多い。「図らずも」という形で政治的立場を有利に持っていくのを好んだ。

また、権威に恃むところが多いのも、清盛の特徴の一つになる。清盛は官位にこだわり、一門と共に昇進することで権力を強化しようとした。ただしそれは、律令制を基とする旧来の政治体制に従属することにつながり、前例と因習で凝り固まった旧体制を超克するには至らなかった。晩年、福原に居を移したのは、せめて公家社会と距離を取ることで、その呪縛から逃れようとしたためで、それに倣った頼朝が鎌倉に幕府を開いたのは周知の通りだ。

こうした特徴の中でも、光秀に共通する最大のものは「追い詰められたら思いきったことをしてしまう」ことだろう。

こうした人格は、普段は冷静沈着でクールを売りにしているのだが、追い詰められると、ほかの選択肢が目に入らなくなり、一つ事に一気に突き進んでしまうことが多い。生真面目な人に自殺者が多いことからも、この傾向をご理解いただけると思う。

いずれにしても清盛の人格は、晩年に近づけば近づくほど、頑固で意固地な面が強くなり、堪え性がなくなってくる。治承三年の政変にしても、南都焼き打ちにしても、感情に理性が負けたと言えるだろう。

保元・平治の頃の冷静沈着な駆け引きに比べると、晩年の清盛は同一人物とは思えないほど、傲慢かつ短気になっている。清盛にも老耄による衰えが進んでいたとしか思えない。

第六章　そして鎌倉幕府へ

初めての武家政権

さて最終章では、二〇二二年の大河ドラマ『鎌倉殿の13人』で注目を集めている源頼朝と鎌倉幕府についても触れておきたいと思う。

頼朝は清盛から何を学び、また何を反面教師としたのだろうか。

その第一が統治機構を確立したことだろう。考えてみると、平家というのは既存の朝廷という統治機構に食い込んでいったことから、独自の統治機構を持たず、政治体制も律令制度から脱するものではなかった。たとえ偶然からとはいえ、それを何のお手本もなく打破していった頼朝は、さすがとしか言いようがない。

大河ドラマは人間ドラマ部分に注目が集まりやすいので、試行錯誤しながら統治機構を作り上げていく文士（文官）たちの姿が描かれないのは仕方がない。しかし鎌倉幕府は優れた統治機構を確立した文士たちに恵まれたからこそ、多くの武士（開発領主）の支持を得られたと言っても過言ではないだろう。それが、明治維新まで六百八十年余も続く武家政権の端緒となったのは周知の通りだ。

本章ではとくに「統治機構（組織）」に焦点を当て、鎌倉幕府がいかにして存続し得たかについて考察していきたいと思う。

平家政権の限界と真の武家政権の必要性

平家政権は伊勢平氏という武門の氏長者の平清盛が中心にいたため、武家政権の端緒と捉えられがちだが、実際は朝廷による従来の統治機構と利権構造に平家が入り込んだというのが正しい認識だ。

すなわち清盛には確固たる国家ビジョンがあったわけではなく、朝廷、公家、寺社が長年保持してきた利権をわが物にするという考えしかなかったことになる。

「政権ビジョンを描くなど、この時代には無理だ」と考える向きもあるかと思うが、実際は渡海した僧が持ち帰った漢籍（『四書五経』や『武経七書』）には、「国家とは」「首長とは」「政治とは」といった命題が掲げられ、それぞれ回答らしきものも載っている。これらを読んでいれば、自分なりの国家像や政治理念、そして新たな統治機構といったものが形成されるはずだが、清盛にはそんな痕跡は皆無だ。つまり酷な言い方をすれば、自らと一族の繁栄のためだけに、武力によって公家社会や権門勢家から政策決定権、利権、人事権などを奪ったと言えるだろう。

昨今、日宋貿易への傾倒から、清盛を過大評価する向きも多いが、それは清盛の一部にすぎず、その大部分は、自らの係累や家人を知行国守や国司の座に就けること、すなわちこの時代の利益の源泉となった荘園や耕作地の奪取に向けられていたのは紛れもない事実だ。

言うなれば、ゼロサムゲームの中で総取りを狙ったのが平家の実態で、わずかに日宋貿易を盛んにしてゼロサムゲームから脱しようとしたことを、ことさらクローズアップすることもないはずだ。

政権を維持するには、様々な権力を持つ機関(この時代なら権門勢家)の利害を調整し、それぞれの反発を最小限に抑える努力が必要になる。言わば誰もが大満足ではないにしろ、我慢できる範囲に収めることで反発を和らげていく努力が必要だ。しかし人というのは武力を持つと、どうしても使いたくなるのが常だ。

清盛には後の源頼朝と鎌倉幕府のように、朝廷との共存共栄を装いながら自らの勢力を浸透させていくという緻密で周到な計略はなかったことになる。

また絶対的な権力を握った者は、自分の力を過信したがる傾向がある。清盛はその代表のようなもので、後白河法皇に対する強引な措置(治承三年の政変)に見られるように、晩年は力の過信だけでなく、感情を制御できなくなっていた節がある。

同時に、自らを支える根幹となる地方の武士(開発領主)に対する配慮も行き届いていたとは言い難い。これも独裁者ならではのことだろう。

例えば大番役などは、所領を三年も留守にする地方武士にとって不安この上ない。しかも負担は自腹なのでたまらない。嫡男が大番役で京都に詰めている間に当主が亡くなった場合、地元で弟や叔父が惣領の座を奪うことさえあったのだ。後に頼朝は、平安時代には三年だった大番役の期間を半年ほどに短縮したが、こうした配慮を清盛がした形跡はない。これなどは独裁者ゆえの共感性のなさに起因するものだろう。

清盛の場合、有能かつイエスマンではない側近集団を持たなかったことが、独裁的傾向が強くなった理由だろう。相談相手としては藤原邦綱の名が挙がるが、腹心というより朝廷との間に入った調整役の色が濃いように感じられる。

唯一、長男の重盛だけが諫言できる立場にあったが、早世によって清盛は歯止めが掛からなくなる。これなどは秀長の死により、自らの野望に飲み込まれてしまった秀吉を思わせる。

かくして清盛の死後、そのカリスマを引き継げなかった宗盛らにより、平家は壇ノ浦の藻屑《もくず》と消えるわけだが、朝廷という器の中にいる限り、栄華盛衰は必然のことのように思える。

鎌倉幕府の成功要因

頼朝は武士の府の中心を鎌倉に定めた。これは意図的なものだったと後にされるが、実際は東国に割拠する政権、例えば平将門が目指したものを模倣したのだろう。将門と違うのは朝廷に逆らわず、軍事権門として、その中に組み込まれることも辞さなかった点にある。

だが頼朝は武家政権を樹立する際、朝廷の影響力が及び難い東国を選び、そこから動かなかったのは正解だった。平家のように京都に本拠を置く限り、やがて公家化していき、朝廷の身分秩序の中に組み込まれてしまう可能性があった。そうなれば各地の武士たちの支持を失うのは目に見えている。

また平清盛がそうだったように、洛中という狭い空間で朝廷と同居する限り、感情的対立がヒートアップし、武力の行使に至ってしまう可能性もあった。

それゆえ頼朝が地理的にも政治的にも朝廷と距離を置き、一定の独立性を保持する方針を貫いたことが、鎌倉幕府の存続につながったと言えるだろう。

また武辺者をいち早く政権の中枢から弾き出し、京下りの吏僚《りりょう》を重用したことも、鎌倉幕府の成功要因だろう。

政権というものは、軍事力だけでは成り立たない。軍事力は国家と政権を支えるものにすぎず、軍人が政権の主体となると、うまくいかないケースが多い。

現代でも軍事クーデターに成功したアフリカなどの国では、軍人が政治の中枢に居座ったままだと、必ずうまくいかなくなる。しょせん餅は餅屋なのだ。

それゆえ初期段階では、軍事組織が政権の中枢を担うことがあっても、平時に移行するにつれ、徐々に政治のプロたちに権力の座を譲っていかねばならない。その先鞭《せんべん》をつけたのが鎌倉幕府だった。そこに頼朝の賢明さを見る思いがする。

続いて、頼朝がどのような者たちをスカウトしたか見ていこう。

京都から招聘した吏僚たち

頼朝の死後、二代将軍頼家を支えるべく選抜された宿老十三人の中には、四人の吏僚がいる。

まず十三人の内訳だが、武士が北条時政《ほうじょうときまさ》・同義時《よしとき》・三浦義澄《みうらよしずみ》・和田義盛《わだよしもり》・梶原景時《かじわらかげとき》・比企能員《ひきよしかず》・安達盛長《あだちもりなが》・足立遠元《あだちとおもと》・八田知家《はったともいえ》の九人で、文士（文官）が中原親能《なかはらのちかよし》・大江広元《おおえのひろもと》・三善康信《みよしのやすのぶ》・二階堂行政《にかいどうゆきまさ》の四人になる。武士たちは各氏族の家長で、軍事的な貢献度が高かった。その一方、文士四人に軍事的貢献は皆無だ。

本書では文士のみ紹介するが、十三人全員の詳細を知りたい方は、拙著『鎌倉殿を歩く 一一九九年の記憶』(歴史探訪社)を購入いただきたい。

まず文士の筆頭に挙げられるのは大江広元だろう。京の公家たちから「二品(頼朝)御腹心専一者」と呼ばれるほど頼朝の懐刀として活躍したこの文士は、下級公家の出身で、京にいる限り、出世は頭打ちだった。ところが実兄の中原親能が先に頼朝にスカウトされた縁で鎌倉幕府に招聘《しょうへい》されると、その手腕をいかんなく発揮し、まさに「鎌倉幕府創設の立役者」と呼ぶにふさわしい活躍を見せる。だが風見鶏だったのも確かで、一本筋の通った人物というより、状況に応じて権力者に従っていたという側面がある。だがそれも鎌倉幕府の安定という側面からすれば、致し方なかったのも事実だ。言うなれば鎌倉幕府は、大江広元の作品と言っても過言ではなく、「大江幕府」と呼ばれるのも当然の気がする。

広元の兄の中原親能は、明法道を家学とする家の出で、広元と共に法律に明るかった。だが彼の本領は主に朝廷との外交面で発揮され、京都守護や政所公事奉行などを歴任し、鎌倉幕府を陰に陽に支えていた。広元のようには表舞台には登場しなかったが、その性格が野心家ではなく実務家だったので、頼朝の謀臣的立場には成り得なかったのだろう。

明法家兼算道家で太政官書記を世襲する中級貴族の家に生まれた三善康信は、初代問注所執事《もんちゅうじょ》（今で言えば最高裁長官）となって辣腕《らつわん》を振るった。頼朝の死から二代頼《より》家《いえ》の擁立に至る鎌倉幕府存続の危機において、「十三人の宿老体制」を積極的に推し進めたのも康信と言われ、要所において存在感を示している。彼の法律家としての公正さが、鎌倉幕府の信用を高めていたのは言うまでもない。

二階堂行政は会計、法令、訴訟などの行政文書作成の専門家だった。奥州征伐では戦後処理を託され、頼朝の上洛行にも同行した。おそらく庶務全般を担っていたと思われる。また頼朝が永福寺を建立することになった時は、行政が造立奉行を命じられた。行政は普請作事にも精通していたからだろう。いわば典型的な実務官僚で、後の石田三成に通じるものがある。

この四人なくして鎌倉幕府は続かなかったと言っても過言ではないが、彼らを政権の中枢に据えた頼朝の慧眼《けいがん》なくして、彼らの活躍の場もなかったと言えるだろう。やはり頼朝は、ただ者ではなかったのだ。

御家人管理体制

頼朝と大江広元らスタッフは、「御恩と奉公」という所領の安堵と新恩給付と引き換えに、武士たちを鎌倉幕府のために奉仕させる仕組みを生み出した。これは画期的なことで、武門のトップが、自家の郎党や所従以外の武士たちとの間に主従関係を築いた端緒となった。すなわち開発領主の所領と権益を、上位機関が法的に守ってくれるとなったことで、彼らも幕府に忠節を誓い、幕府は強力な軍事集団を形成していくことになる。

かくして木曾義仲、伊勢平氏、義経と奥州藤原氏といった敵対勢力を滅ぼした頼朝は、朝廷から右近衛大将に補任され、その率いる幕府は「唯一の官軍」として認知された。

これは、政治を司る朝廷、宗教を司る大社大寺と並ぶ軍事権門の誕生を意味した。つまり朝廷が鎌倉幕府を認めた時、東国のローカルな軍事集団は、朝廷を支える軍事権門に成長したことになる。同時に頼朝を頂点とした御家人たちの地位も、朝廷の身分秩序の中に包摂《ほうせつ》されることになった。

だが頼朝は平家政権から学んでいた。官位の下賜《かし》という朝廷の特権を駆使されると、御家人たちが朝廷と直接結び付く。それを防ぐには、幕府が官位推挙権の一元的掌握をせねばならない。要は「武家の官位については、幕府の推挙なしに与えないでくれ」と釘を刺すことで朝廷と距離を取り、幕府を独立した組織としたのだ。

古来、武士たちにとって朝廷から与えられる官位は、自らの権威を示すと同時に、所領を支配する正当性を保証するものだった。その推挙権を頼朝が一元的に管理することで、幕府は朝廷の下部組織（軍事権門）という位置づけながら独立を勝ち得たのだ。

一方、頼朝が幕府を創設した頃は、朝廷側にも後白河院、源通親、後鳥羽天皇といった一筋縄ではいかない人材が輩出した時期でもあり、その晩年、頼朝でさえ朝廷に取り込まれそうになる。その傾向は頼朝の死後も強まり、後鳥羽院とソウルフレンドのような関係を結んでいた三代将軍実朝《さねとも》は、次期将軍に後鳥羽院の息子を迎えようとするところまで行く。つまり平清盛がそうだったように、幕府も朝廷の一機関という地位に甘んじる方向に進んでいったことになる。それだけ朝廷というのは魅力的なもので、武士たちにとって憧憬《どうけい》を通り越した崇拝の対象だったのだ。

それを阻止したのが北条義時になる。簡単に言えば、義時はこのまま朝廷追従路線を続ければ、幕府は形骸化し、武士たちも公家たちの走狗《そうく》に逆戻りするという危機感を持っていたと思われる。ただし「執権北条氏の鎌倉幕府」は本章のテーマではないので、ここまでとしておく。

鎌倉幕府の組織

希代の政治家・頼朝でも、当初から一貫したビジョンの下に統治機構を整えていったわけではない。とくに源氏三代の将軍が不在となった後の組織、いわゆる将軍を執権と連署が支え、その下に政所（政治）、侍所（軍事）、問注所（裁判）を担当する明確な組織は、幕府草創期にはなかった。頼朝の時代の地方統治機関は京都守護や奥州総奉行くらいだったが、これが北条得宗家の時代になると、六波羅探題や鎮西探題などによって、より進化した組織に変わっていく。

鎌倉時代初期において組織的なものの萌芽が見られるのは、文治元年（一一八五）十一月のことだ。朝廷は頼朝の求めに応じ、「日本国惣追捕使・日本国惣地頭」という官職に任命し、さらに配下の御家人たちを頼朝の代理として、「惣追捕使・地頭」として任命した。

追捕使とは、国家に対する謀反や大規模な騒乱が起こった時、諸国の在庁官人や諸豪族を指揮下に置いて治安回復を行う臨時職のことだ。それが先々、地頭や守護と名を変えていく。

さらに頼朝は、「惣追捕使・地頭」の経費を諸国の国衙《こくが》領と荘園から出すよう求め、さらに諸国の在庁官人や郡司・郷司といった役人の任免権をも要求した。鎌倉幕府の軍事力を恐れた朝廷（後白河院）は、これらを認めざるを得なかった。

中央の機関として最初に設置されたのは侍所だった。侍所は御家人たちを統制する軍事・警察部門で、頼朝が鎌倉入りしてすぐの治承四年（一一八〇）の十一月に発足したということからも、御家人たちの所領をめぐる揉め事や訴訟が、初期から多かったことを証明している。

次に重要なのが訴訟を受け付け、公正な裁きを行う機関だ。元暦《げんりやく》元年（一一八四）、問注所が発足し、境目紛争などを自力救済に求めず、訴訟することが推奨されていく。また同時に新設されたのが、政務全般と財政を担う政所となる。

ここに侍所、政所、問注所という幕府草創期を担う政庁が出そろったことになる。それゆえ一説に、元暦元年をもって鎌倉幕府が発足したという解釈もある。

ただしこの三機関は、次第に変容を遂げ、鎌倉時代末期には、それぞれ訴訟を取り扱うようになった。つまり政所が鎌倉市中の、問注所が鎌倉市中以外の東国の、侍所が検断沙汰と呼ばれる刑事訴訟を裁くことになる。この方が引き継ぎなどの手間が省け、合理的だったのだろう。

源氏将軍三代以降の組織について、ここでは触れないが、いずれにせよ完全な縦割り組織で、それぞれの縄張り意識が強かったというより、適時その役割を変えていったと考える方が合っている。その点、鎌倉幕府は朝廷よりも考え方が柔軟だったと言えるだろう。

承久の乱を経て、執権北条氏の時代になると、鎌倉幕府の権力はさらに強化され、盤石《ばんじゃく》とも言える体制が確立されていく。しかしその中心にあるべき源氏将軍は三代で断たれ、傀儡《かいらい》のような摂家将軍や親王将軍（宮将軍）が京都から下向《げこう》してくることになる。

鎌倉幕府とは何だったのか

端的に言えば、鎌倉幕府とは武士たちの権益を朝廷権力から守る機関だったと言えるだろう。当初から頼朝は武家政権の創出を意図したわけではなく、朝廷に従属しつつ、配下となる御家人の利益代表として朝廷に駆け合うための組合長のような立場を目指していた。しかしその理念に賛同し、御家人となる武士たちが増えるに従い、政権という体裁を取るようになったというのが実態だろう。

そして頼朝の謎の死、頼家の失脚、実朝の謀殺といった事件を経て、源氏将軍は三代で途絶え、鎌倉幕府は北条氏のものとなっていく。そして些細な誤解の積み重ねが疑心暗鬼を増幅し、遂に鎌倉幕府と朝廷の軍事衝突が勃発する。承久《じょうきゅう》の乱である。

しかし賊軍とされながらも、「時代を逆行させたくない」という御家人たちの輿望《よぼう》を担った北条義時は朝廷軍を打ち破り、完全な覇権を握ることになる。

後鳥羽院から仕掛けられた戦いにもかかわらず、電撃的作戦で勝ち抜いた義時の手腕は評価されるべきだが、実はこの時、箱根を固めて守り戦に徹するという方針を覆したのが、大江広元と三善康信だった。彼らは京都の情報に精通しており、持久戦より速戦即決の方が勝てると見ていたのだ。

かくして歴史を決定づけたのは、文士の情勢分析力と強気な姿勢だった。というのも、誰よりも鎌倉幕府を守りたかったのが二人だったからだろう。

一方、朝廷側の指導者が様々な分野に天才的手腕を発揮した後鳥羽院でなかったら、こんな暴挙に出ることもなかっただろう。しかし朝廷は自滅するかのように鎌倉幕府に武力で戦いを挑み、長年にわたって培ってきた権力を手放すことになる。

これなどは武力という相手の土俵に、あえて自分から飛び込んでしまい、墓穴を掘った典型例だろう。後白河院のように策謀と政治的駆け引きこそ朝廷の真骨頂で、得意分野で勝負することこそ、朝廷権力を守るのに必要だったのではあるまいか。だいいち幕府が朝廷の権利や権益を積極的に侵そうとしていなかったのだから、自滅の感は免れ難い。

かくして承久の乱を経て鎌倉幕府は強化され、また御家人たちの心も、自分たちの所領と利権を守ってくれる政権を、これまで以上に支持することになる。

ここに北条得宗家による強固な武家政権、真の鎌倉幕府が成立することになる。そうした意味では、源氏将軍三代の時代は幕府の助走期間に過ぎず、その後にこそ、鎌倉幕府の真価も存在意義も現われてきたと言えるだろう。

おわりに

清盛の人生を俯瞰すると、やはり「諸行無常」という言葉がしっくりくる。

王朝政治華やかなりし頃に生まれ、その栄華のほどを、まざまざと見てきたにもかかわらず、清盛は院政を否定し、天皇を思いのままに擁立し、政変を成功させ、遷都までしようとした。さらに貿易立国を実現させようとした。それが一種の身勝手さや欲心から出たものだったにせよ、彼が開明的だったことは間違いない。

こうした改革による利権構造の確立により、子々孫々までの一門の繁栄を願った清盛だったが、その死後、わずか五年にして、彼の血脈にかかわるほとんどの人々は、この世の者ではなくなっていた。あれだけ祝福されて生まれ、蝶よ花よと大切に育てられた安徳帝でさえ、幼い命を絶たれたのだ。

かくして清盛が、その晩年の持てる力をすべて注いだ貿易立国の夢も雲散霧消《うんさんむしょう》した。

これこそ「諸行無常」としか喩えようがない末路だろう。

それでは、清盛は何を残せたのか。

残念ながら、史上、最も何も残せなかった天下人こそ清盛だったと思う。その血脈はもとより、その開明的な政治思想から、軌道に乗りつつあった日宋貿易まで、清盛は何一つ残せなかった。

次代を担った源頼朝は、清盛から学ぼうとせず、武士の権益だけを考えた「閉じられた」政権を構築していく。

頼朝が清盛に倣ったのは、都と距離を置き、その呪縛から逃れようとしたこと、そして清盛が最晩年に行った軍制改革くらいだろうか。

頼朝の周囲には粛清《しゅくせい》の嵐が吹き荒れ、鎌倉は怨念《おんねん》の都と化していく。それはやがて、頼朝自身の血脈をも、わずか三代で断つことにつながっていく。

平氏の末裔の北条氏が執権として権力を握った後も、権力闘争の嵐は吹きやまず、その怨念の連鎖《れんさ》が断たれるのは、鎌倉幕府と共に北条氏が滅んだ時だった。

福原や厳島で見られる明るい海の輝きは鎌倉になく、その海からは、抹殺された人々の怨嗟の声が聞こえてくるばかりだ。

だからこそ、清盛の無念を思うと、胸がいっぱいになる。

彼は福原の海に何を見ていたのか。その水平線の先にあるものは何だったのか。それらは一門と共に壇ノ浦の水底に沈んだ。残されたのは清盛という男の足跡だけだ。
われわれには、そこから学ぶことしかできない。
清盛と平家一門の冥福を祈り、ここで筆を擱くことにしたい。

平清盛関連年表

作成・編集部

和暦	西暦	できごと
寛平元	889	高望王、宇多天皇の勅命により臣籍降下し、平氏を名のる
承平5	935	承平の乱(平将門の乱)が起こる
8	938	清和源氏の初代・源経基が武蔵国に赴任
天慶2	939	天慶の乱(藤原純友の乱)が起こる
3	940	平将門、平貞盛・藤原秀郷らの連合軍に攻められ、討死(2月)
4	941	藤原純友、源経基らの追討軍に捕らえられ、獄死(6月)
万寿5	1028	平忠常の乱(長元の乱)、起こる
4	1031	源頼信、平忠常の乱を平定。朝廷・公家の源氏への評価が高まる

永承6	1051	前九年の役、起こる
永保3	1083	後三年の役、起こる
応徳3	1086	白河帝が堀河天皇に譲位し上皇となり、院政をはじめる
永長元	1096	平忠盛、生まれる
永久6	1118	平清盛、生まれる（正月18日）
天治元	1124	忠盛三男・経盛、生まれる
大治3	1128	忠盛四男・教盛、生まれる
4	1129	清盛、弱冠12歳で従五位下に昇進、貴族の末席に連なる 白河法皇、崩御（7月）。鳥羽上皇が「治天の君」に
長承2	1133	忠盛五男・頼盛、生まれる
久安3	1147	源頼朝、義朝の三男として生まれる（5月9日） 祇園社頭闘乱事件、発生（6月15日）。鳥羽院、忠盛・ 清盛父子に罰金刑を科す

5	1149	忠盛二男・家盛、わずか27歳で急逝
久寿2	1155	近衛天皇、崩御（7月）。信西の強い推しで雅仁親王（のちの後白河帝）が天皇に即位
保元元	1156	鳥羽法皇、崩御（7月2日） 崇徳上皇、鳥羽田中殿を脱出（7月9日）、翌々日未明、崇徳軍と後白河軍が衝突し、保元の乱勃発。清盛、後白河方として参戦。保元の乱での論功行賞で正四位下・播磨守に任じられる
3	1158	後白河帝、皇位を第一子である守仁（二条天皇）に譲位（8月）
平治元	1159	藤原信頼・源義朝らの軍勢が三条東殿を襲撃し、後白河院・二条帝を確保。平治の乱が勃発する（12月9日）。信西が山城国で自害（同13日）。熊野参詣の途次だった清盛一行は京に戻り、六条河原で清盛の弟・頼盛、嫡男・重盛の軍勢が義朝軍を撃破。信頼も捕らえられ、斬首（同27日）

2	1160	源義朝、逃亡先の尾張国で謀殺される（1月）
永暦元	1160	義朝の三男・頼朝、伊豆国へ配流（3月） 清盛、平治の乱の恩賞として、正三位が下される（6月）
長寛2	1164	清盛、わずか9歳の娘・盛子を関白・近衛基実に嫁がせる（4月）
永万元	1165	二条帝、崩御（7月）。六条天皇、即位
仁安元	1166	憲仁親王（後の高倉帝）、立太子。清盛が皇太子の後見役である東宮大夫に就任（10月）
2	1167	清盛、太政大臣に就任（2月）。しかし、わずか3カ月で辞任
3	1168	清盛、病により倒れる（2月） 清盛、出家（2月）
4	1169	清盛、福原の別荘に幽居する（春）
嘉応元	1169	後白河上皇、出家して法皇となる（6月）

		延暦寺大衆が尾張国国主・藤原成親の解官・配流を求める「嘉応の強訴」が起こる（12月）
2	1170	殿下乗合事件、起こる（7月3日）
承安元	1171	清盛、娘の徳子を高倉天皇に入内させる（12月）
安元3	1177	清盛の嫡男・重盛が内大臣・左大将に就任（3月） 安元の大火、発生（4月28日） 後白河法皇、清盛に延暦寺攻撃を命じる（5月28日） 鹿ケ谷の陰謀、発覚（6月）
治承2	1178	高倉帝と建礼門院の間に皇子（後の安徳帝）が誕生（11月12日）
3	1179	近衛基実に嫁いだ盛子、逝去（6月17日） 重盛、逝去（7月29日） 清盛、福原から軍勢を率いて上洛（11月14日）。後白河

		院を幽閉し、院政停止を宣言させる（治承三年の政変）
4	1180	安徳帝が皇位につき、高倉帝は上皇となり院政開始（2月） 以仁王が全国の源氏に平氏追討の令旨を下す（4月） 清盛、福原への遷都をはかり、安徳帝・高倉上皇・後白河院を行幸させる（6月） 源頼朝、挙兵（8月17日）
5	1181	高倉上皇、崩御（正月） 清盛、逝去（閏2月4日）
寿永2	1183	平氏軍、倶利伽羅峠の戦いで木曾義仲の軍に惨敗（5月）
元暦2	1185	平氏軍、屋島の戦いで源義経に敗れ、西へ撤退（2月） 平氏、壇ノ浦の戦いで義経軍に敗れ、滅亡（3月）
建久3	1192	後白河法皇、崩御（3月13日） 源頼朝、征夷大将軍に任ぜられる（7月）

主要参考文献

『平家の群像』　安田元久　はなわ新書
『源平合戦の虚像を剝ぐ　治承・寿永内乱史研究』　川合康　講談社
『源平の盛衰』　上横手雅敬　講談社
『武士の成立　武士像の創出』　高橋昌明　東京大学出版会
『平清盛』　五味文彦　吉川弘文館
『平清盛の闘い　幻の中世国家』　元木泰雄　角川書店
『保元の乱・平治の乱』　河内祥輔　吉川弘文館
『保元・平治の乱を読みなおす』　元木泰雄　日本放送出版協会
『清盛以前　伊勢平氏の興隆』　高橋昌明　文理閣
『実は平家が好き。目からうろこの「源平」、その真実』　三猿舎　メディアファクトリー
『源平合戦事典』　福田豊彦／関幸彦　編　吉川弘文館
『院政　もうひとつの天皇制』　美川圭　中央公論新社
『平清盛　福原の夢』　高橋昌明　講談社

『平家の群像　物語から史実へ』　高橋昌明　岩波書店
『義経の東アジア』小島毅　トランスビュー
『変貌する清盛「平家物語」を書きかえる』　樋口大祐　吉川弘文館
『源頼朝　武家政治の創始者』　元木泰雄　中央公論新社
『源頼朝と鎌倉』　坂井孝一　吉川弘文館
『源頼朝』永原慶二　岩波新書
『頼朝の天下草創　日本の歴史09』山本幸司　講談社
『源頼朝と鎌倉幕府』　上杉和彦　新日本出版社
『源氏将軍断絶　なぜ頼朝の血は三代で途絶えたか』坂井孝一　PHP新書
『日本の歴史7　鎌倉幕府』　石井進　中公文庫
『現代語訳　吾妻鏡』第一巻〜第八巻　五味文彦・本郷和人（編）　吉川弘文館
『愚管抄　全現代語訳』　慈円　大隅和雄（訳）　講談社学術文庫
『鎌倉草創　東国武士たちの革命戦争』　西股総生　ワン・パブリッシング
各都道府県の自治体史、論文・論説等の記載は、省略させていただきます。

解説

西股総生

伊東潤氏は、恰幅《かっぷく》のよい作家である。

いや、何もルックスのことを言っているのではない。氏の小説は、古代から近世に至るさまざまな時代に題材を取り、また、本書のような史論や紀行物も多い。書くものの幅が広いのだ。

こうした「幅の広さ」を支えているのが、旺盛なリサーチ力であり、何より氏のあくなき好奇心であることは、作品を読めば直ちに理解されるところであろう。

また、一般には知られていないような人物や、細かな事件を掘り起こして題材とした作品もあるが、主役級の有名な人物を、正面から堂々と描くことも得意としている。丹念なリサーチに支えられた骨太の歴史像――それこそが持ち味であるゆえに、氏は作風の上でも「恰幅のよさ」を感じさせるのだろう。

本書の原型は、二〇一一年に洋泉社新書として上梓されていた史論だが、版元の事情で品切れとなっていたところを、今回、朝日文庫から再刊されることになった。本書も、当時の社会的・政治的状況を適確に踏まえた上で、平清盛という超大物の人物像を骨太に描いている。

おそらく、平家に興味をもった一般の歴史ファンが、平家政権を知るために読む本として、最適の一冊であろう。しかも、朝日文庫に収めるに当たって、著者は随所に手を加え、第六章「そして鎌倉幕府へ」を書き下ろしている。再刊するなら自身も読者も納得する形で、というスタンスにも、あくなき好奇心とリサーチ力に通ずる著者の「恰幅のよさ」を感じることができる。

などと書いていると、解説として書くことがなくなってしまいそうで、いや実際、過不足なくまとめられた本書に、小生があえて加えることなどあまりないのだけれど、それでは解説を指名してくれた伊東氏に申し訳がない。蛇足とは知りつつも、平家政権擡頭《たいとう》の時代背景について、筆者なりの見地から若干の補足的な説明を試みてみよう。

日本の古代国家は、天皇を唯一絶対の頂点とし、律令という法体系によって統治される中央集権体制を目ざしていた。その大前提とされたのが、全国の土地と人民はすべからく天皇の所有に属するという、公地公民の原則である。全国の土地と人民が産する富は中央へと一元的に吸い上げられ、天皇とそれを取り巻く支配階級によって山分けされる体制である。

ところが、いつの世も支配階級という人種は貪欲なものである。奈良や京都に集住した貴族たちは、あらゆるやり方で法の網の目をかいくぐり、あるいは抜け穴をさがして、公地公民の原則を骨抜きにしていった。

こうして、「土地（地べた）は誰の所有に属するか」という本源的な問題を棚上げにしたところで、土地にさまざまな権益が設定されて、土地と人民の産する富は上へ上へと吸い上げられるようになった。この、利権システムが荘園なのである。貴族たちは、荘園という利権システムを漁《あさ》って、家の資産としていった。

一方、全国に荘園が林立すれば国庫収入は当然、目減りする。いちばん割を食うのは天皇だ。何せ、律令という不磨《ふま》の大典《たいてん》によって「全国の土地と人民は天皇のもの」と決められている以上、天皇には個人資産をもつ法的根拠がないのである。

そこで平安時代の中期以降、たびたび荘園整理令が出されるようになる。とはいえ、実質的な政策決定に与《あずか》る政治家＝貴族たちが、荘園利権の当事者なのであるから、荘園整理令は出しても出しても、すぐに骨抜きにされてしまう。

この難題を、斜め上の発想で解決したのが白河天皇である。白河はまず、皇位という公的立場を退いて上皇になった。上皇は、政治的には私人の立場であるから、公人である天皇とはちがって、身軽に動ける。

白河は「身軽な私人としての上皇」という立場を利用して寺を建て、そこに荘園を寄付させて、自分の財布として利用する手法を思いついたのだ。さらに自らが出家して法皇となれば、寺を持とうが運営しようが、誰からも文句を言われる筋合いはない。貴族たちが法の抜け穴をさがして資産形成に励むのなら、自分も私人として同じことをすればよい、というわけだ――より強い力をもって。

もちろん、膨大な荘園利権を管理・運用するためには、実務を適確にこなす有能なスタッフが必要だが、人材には事欠かなかった。朝廷で得られるポストが、家格《かかく》によってほぼ決まっている平安の貴族社会には、野心と才能を持て余している中下級貴族が少なからず埋もれていたからだ。

上皇の事務局である院庁《いんのちょう》は、彼らにとって魅力的な働き口となった。しかも、膨大な利権を管理・運用し、結果として大きな権力を行使するとはいえ、院庁は所詮は上皇の個人事務所であるから、誰をどう登用しようが、上皇の勝手である。こうして頭角を現したリアリストの代表こそが、信西《しんぜい》なのである。

一方で白河は、荘園化されていない土地、すなわち国司が支配する公領についても、資産化する方策を進めた。すなわち知行国主制というシステムである。知行国とは、権力者が国司の推薦権を持つ国を指す。要するに、自分の息のかかった子分を国司にねじ込んで上前をはねるわけだから、地方行政の利権化といってよい。この利権を、院と有力貴族（政治家たち）で山分けにして、それぞれの家の資産としたのが、知行国主制なのである。

全国の土地と人民が産する富は、荘園と公領という二つのコースに分かれ、何段階かの中抜きを経ながら上へ上へ＝中央へと吸い上げられ、権力者の手元に集積されるようになったわけだ。こうして院のもとに集積された利権群が、天皇家（王家）の資産となる。伊東氏が第一章（三五ページ）で、院が天皇家の家父長として権力を行使するのが院政だと述べているゆえんである。

さて、資産が形成されれば、次は相続が問題になる。ただし、公的君主である天皇は個人資産を持てないから、資産は院から院（または女院）へと相続される。となれば、院（相続対象者）の候補生であることが天皇の存在価値となって、皇位の継承は王家の資産相続問題と事実上イコールになる。

院政期における皇位継承問題や閨閥《けいばつ》支配の本質は、ここにある。と同時に、貴族たちが利権によって系列化されてゆくのも、必然的な流れであった。保元・平治の乱といった政争の背景には、利権による貴族の系列化があったのだ。皇位継承のカヤの外に置かれた以仁王《もちひとおう》が不満を募らせた理由も、飲みこめるだろう。

次に、福原遷都の歴史的背景について概説しておこう。

もともと古代の東アジア世界は、圧倒的な国力・文明力を擁する中華帝国の周囲を、冊封《さくほう》を受ける衛星国がとりまく、という図式で成り立っていた。日本も、東の衛星国である。巨視的に見るなら、列島への稲作・金属器文化や仏教の伝来も、日本の国家形成も、東アジア世界というグローバル経済の中で起きた現象である。

世界地図の東アジアのページを広げて、中国から太平洋を眺めるアングルに地図を回してみてほしい。日本列島は、世界の縁にへばりついているように見えるだろう。そんな平安時代の〝日本〟で、東アジアのグローバル経済に接続する窓口となっていたのが、博多と津軽である（蝦夷地と琉球は朝廷の支配の外）。津軽から奥羽へと連なる物流ルートを押さえたのが奥州藤原氏であったことが、理解できる。

一方、当時の日本は中央集権体制をとっていたから、京・奈良が圧倒的な経済の中心である。だとすると、福原遷都とは本当は、日本経済の中心を東アジアのグローバル経済にダイレクトに接続する意義をもっていたことになる。

地方から吸い上げた富をひたすら消費し、一生を京・奈良のエリアで送る貴族たちと違って、忠盛や清盛は受領《ずりょう》などとして地方に赴任している。地方で生み出された富が流通ルートに乗る現場を、実際に見て知っているのだ。もちろん、瀬戸内の水運がグローバル経済に接続している現場も、体感している。

ゆえに清盛は、福原という港湾都市の整備がもつ可能性に気付いたのだ。ただし、内乱が兆《きざ》す中での権力集中策として福原遷都が強行されてしまったため、清盛の壮大な構想は結果として早産にすぎて、実ることがなかった。

ここでもう一度、逆さに回した世界地図を見てほしい。東アジア世界の縁にへばりついている弧状列島の中で、博多からも津軽からも遠い一番端っこに位置するのが関東であったことが、わかるだろう。

本書は最後の第六章「そして鎌倉幕府へ」において、鎌倉幕府の確立を概観することによって、清盛の死後を展望し、結果として平家政権の歴史的意義を総括している。こうなると、今度は伊東氏の手になる鎌倉幕府の物語を読みたい、との思いにかられる読者も少なくないだろう。

そのような向きには、文藝春秋刊の『修羅の都』と続編の『夜叉の都』をおすすめしておきたい。前者は頼朝の挙兵からその死までを、後者は頼朝亡き後の政子の生き様を描いた歴史小説だ。本書のような史論と文学作品とを、同じ作者の筆で続けて読むことができる——これもまた、恰幅のよい作家・伊東潤氏の魅力と言えよう。

（にしまた・ふさお／歴史ライター）

平清盛《たいらのきよもり》と平家政権《へいけせいけん》　改革者《かいかくしゃ》の夢《ゆめ》と挫折《ざせつ》　朝日文庫

2022年8月30日　第1刷発行

著　　者　伊東《いとう》　潤《じゅん》

発 行 者　三 宮 博 信
発 行 所　朝日新聞出版
〒104-8011　東京都中央区築地5-3-2
電話　03-5541-8832(編集)
03-5540-7793(販売)

印刷製本　大日本印刷株式会社

定価はカバーに表示してあります

ISBN978-4-02-265057-3